Petra Fastermann

Reise durch Georgien
Ein Erlebnisbericht

Herstellung und Verlag: BoD - Books on De-
mand, Norderstedt

ISBN: 9783751902540

Foto des Buchumschlags: Petra Fastermann

Über das Buch

Dieses Buch ist ein Erlebnisbericht und kein Reiseführer. Es gibt verschiedene Reiseführer zu Georgien, die regelmäßig aktualisiert werden, denn das kleine Land ist als touristisches Reiseziel in den letzten Jahren immer beliebter geworden. Deutsche Besucher machen derzeit neben Russen, Türken und Arabern einen großen Teil der Touristen aus. Im Jahr 2019 benötigten deutsche Staatsangehörige zur Einreise nach Georgien und für den Aufenthalt von bis zu 360 Tagen kein Visum. Das Auswärtige Amt weist aber auf seiner Internetseite mit Informationen zu Georgien darauf hin, dass sich die Einreisebestimmungen kurzfristig ändern können. Für unseren Urlaub hat der gültige deutsche Reisepass gereicht, als wir im August/September 2019 rund 2.200 Kilometer mit dem Auto durch das Land reisen wollten. Gefahren hat uns beide ein Georgier, der gleichzeitig unser Guide und Übersetzer war.

Auch mit dem Zug sind wir eine lange und eine kurze Strecke gereist, einmal in der 1. und einmal in der 2. Klasse, einmal mit einem Fernzug und einmal mit einer Regionalbahn. So haben wir in zwei Wochen viel gesehen. Ich habe hier nur aufgeschrieben, was ich interessant fand.

Allem vorangeschickt: Ich würde eine Reise nach Georgien als sicheres Land mit freundlichen Bewohnern, schöner Landschaft und dazu noch günstigen Preisen sehr empfehlen.

Zur Schreibung der Städtenamen habe ich eine Anmerkung: Die Orte werden in Georgien auf Georgisch und in der georgischen Schrift geschrieben, welche eine eigene Schrift ist und mit der lateinischen nichts gemein hat. So müssen aus dieser Schrift die Ortsnamen in die lateinische Schrift transkribiert werden. In der Regel findet man in Georgien neben den georgischen Schildern die Transkription der Namen ins Englische. Selbst in deutschen Texten und Reiseführern findet sich manchmal die englische, machmal die deutsche Transkription. Ich versuche, durchgehend die deutsche Schreibweise der georgischen Namen zu benutzen - das heißt also die, welche ich in der deutschen Wikipedia gefunden habe und welche ich deshalb für die richtige Transkription ins Deutsche hielt.

Etwas Lesen vor der Reise nach Georgien

Im März 1946 war Winston Churchill als britischer Premierminister bereits abgewählt, so dass er seine Rede „The Sinews of Peace" (deutsch etwa: „Die Kräfte des Friedens") als Oppositionsführer hielt. In dieser Rede in den USA erklärte er, dass sich auf Ost- und Mitteleuropa ein „Eiserner Vorhang" herabgesenkt habe. Dieser Eiserne Vorhang war der Auftakt zum Kalten Krieg, und es sollte mehrere Jahrzehnte dauern, bis der Vorhang wieder gehoben wurde. Im Jahr 1947 bereisten der Schriftsteller und spätere Nobelpreisträger John Steinbeck und der Fotograf Robert Capa die abgeschottete Sowjetunion. Ihr Ziel war es, eine Reportage über den Alltag der Sowjets, das normale Leben der Bevölkerung in der gerade vom Krieg zerstörten Sowjetunion zu verfassen. Ein Jahr später veröffentlichten Steinbeck und Capa die literarische Reisereportage „A Russian Journal", welche in deutscher Übersetzung unter dem Titel „Russische Reise" erstaunlicherweise erstmals 2011 verlegt wurde. Der Schriftsteller Steinbeck bemühte sich darum, einen möglichst authentischen Eindruck des Lebens der Menschen zu vermitteln. Der Fotograf Capa versuchte, auf Bildern den Alltag der Bevölkerung festzuhalten. Diese Fotos sollten unspektakulär und ungeschönt sein. Trotz Beginn des Kalten Kriegs gelang es Capa, ohne erkennbare propagandistische Absicht die durchschnittlichen Menschen beim Arbeiten, Feiern oder Ausruhen zu zeigen.

Schon 1947 erlebte der Schriftsteller Steinbeck, dass überall in der Sowjetunion von Georgien mit großer Sehnsucht und Bewunderung gesprochen wurde - auch von Bürgern, die nie dort gewesen waren und vielleicht auch niemals nach Georgien kommen würden: „They spoke of Georgians as supermen, as great drinkers, great dancers, great musicians, great workers and lovers. And they spoke of the country in the Caucasus and around the Black Sea as a kind of second heaven. Indeed, we began to believe that most Russians hope that if they live very good and virtuous lives, they will go not to heaven, but to Georgia, when they die." (aus: Steinbeck/Capa, A Russian Journal, Seite 144)

Bis Georgien waren die Deutschen nach ihrem Überfall 1941 auf die Sowjetunion nicht gekommen. So war die georgische Sowjetrepublik im Zweiten Weltkrieg unzerstört geblieben, und die georgische Bevölkerung war nicht Kampfhandlungen ausgesetzt gewesen wie die Bevölkerung in anderen Teilen der Sowjetunion. Obwohl es in Georgien im Zweiten Weltkrieg keine Kampfhandlungen gab, war auch Georgien in hohem Maß daran beteiligt, zum Sieg der Sowjetunion beizutragen: 700.000 Georgier wurden als Soldaten in den Krieg geschickt und viele davon verwundet oder getötet. Dabei muss berücksichtigt werden, dass die Gesamtbevölkerung Georgiens zu der Zeit gerade einmal 3,5 Millionen betrug (Quelle dieser Angabe: Reiseführer Georgien. Unterwegs zwischen Kaukasus und Schwarzem Meer). Verwundete Soldaten kamen in Lazarette, die auch in Georgien entstanden waren. Die georgische Wirtschaft - wie der gesamte Rest der Sowjetunion - produzierte für den Krieg, so dass die Bevölkerung unter dem sich daraus ergebenden Mangel leiden musste. Der spätere Nobelpreisträger John Steinbeck berichtet trotz allem schon in seiner Reportage von 1947 von der überschwänglichen Gastfreundschaft der Georgier. Von der Gastlichkeit und den reichlich gedeckten Festtafeln ist bis heute in fast allen Reiseführern über Georgien zu lesen. Der Gast werde als ein Geschenk Gottes betrachtet, und wenn der

8

Gast einkehre, sei das der Beweis, dass Gott den Gastgeber nicht vergessen habe.

Weil ich mich allgemein für Literatur interessiere und gern Bücher lese, habe ich mir vor Reisebeginn ein paar Bücher georgischer Autoren gesucht, um die Vorfreude auf den Urlaub zu steigern. Es interessieren mich beim entspannten Lesen jedoch viel weniger Sachbücher als Belletristik. So habe ich drei Romane gelesen, und mehr als ein wenig zu lesen für die Reise nicht vorbereitet.

Erst im Jahr 2018 war Georgien Gastland auf der Frankfurter Buchmesse. Während der Zeit, in der Georgien zur Sowjetunion gehörte, wurde nur sehr wenig georgische Literatur ins Deutsche übersetzt. Obwohl ich mich viel mit Belletristik befasse, konnte ich mich nicht daran erinnern, einmal bewusst ein Buch eines georgischen Autors gelesen zu haben - oder auch nur eine Geschichte, die in Georgien spielte. Als wir relativ kurzfristig beschlossen, nach Georgien zu reisen, wollte ich das schnell nachholen. Wenigstens drei Bücher wollte ich lesen, um mir zumindest einen oberflächlichen und subjektiven Eindruck von georgischer Literatur zu verschaffen. Beim Suchen nach Büchern - ganz ohne bestimmte Kriterien - kam ich auf den Roman „Das Birnenfeld". Die Autorin, Nana

Ekvtimishvili, wurde 1978 in Tbilissi geboren. „Das Birnenfeld" erschien 2015 in georgischer Sprache und wurde 2017 ins Deutsche übersetzt. In dem Roman geht es um Kinder, die in den 1990er Jahren in einem so genannten georgischen „Debilen-Heim" verwahrt werden. Schnell stellt sich heraus, dass nicht nur geistig eingeschränkte, sondern auch völlig gesunde Kinder in diesem Kinderheim abgegeben werden, weil sie zu Hause keiner gebrauchen kann. Es lässt sich hoffen, dass das Werk überwiegend Fiktion und nicht zu nah an der Wahrheit dessen ist, wie die Zustände in georgischen Kinderheimen Anfang der 1990er Jahre waren. Die Autorin hat in einem Interview jedoch erzählt, dass es ein Kinderheim in einem Randbezirk von Tbilissi gegeben habe und sie neben diesem Heim aufgewachsen sei. Die schrecklichen Zustände von Schmutz und Gewalt im Kinderheim sind wohl nicht komplett erfunden.

Als Klassiker georgischer Literatur gilt „Ali und Nino", ein Buch, das 1937 unter dem Pseudonym Kurban Said auf Deutsch in Wien erschien. Die Autorschaft von Kurban Said, eben die Frage, wer hinter dem Pseudonym steckte, konnte nie endgültig geklärt werden. Es heißt, ein Autorenduo mit westlichem Hintergrund verberge sich hinter dem Namen Kurban Said. Weil ich gelesen hatte, dass „Ali und Nino" das aserbaidschanische Gegenstück zu „Romeo und Julia" sei, interessierte mich dieses Buch. Es schien als tragische Liebesgeschichte in Georgien sehr bekannt zu sein, und deshalb wollte ich das Werk als Reiseeinstimmung lesen.

Handlungsort von „Ali und Nino" ist die kaukasische Stadt Baku. Mir war deshalb anfangs nicht ganz klar, warum das Buch in Georgien so geschätzt wird, aber beim Lesen fand ich es nach und nach heraus: Nino, die weibliche der beiden Hauptfiguren, ist Georgierin. Der Name Nino ist sicher kein Zufall, denn die heilige Nino wird die „Erleuchterin Georgiens" genannt, weil sie für die Bekehrung der Georgier zum Christentum verantwortlich ist. Die Nino aus dem Roman „Ali und Nino" lässt ihren künftigen Ehemann Ali in Tiflis (= Tbilissi) ihrer Familie vorstellen - die Handlung spielt nicht ausschließlich in Baku. Am Ende des Romans flieht Nino nach Georgien, und so wird der Bezug zu Georgien wiederum deutlich. Erzählt wird die Liebesgeschichte von Ali als Ich-Erzähler. Auch Ali lobt die georgische Gastfreundschaft, so dass ich ihn hier zitie ren möchte, bevor ich die eigentliche Handlung zusammenfasse. Weil Ali sich bei der gastfreundlichen georgischen Familie von Nino am kachetischen Wein berauscht hat, geht es ihm am nächsten Tag schlecht. Ali bedauert, zu viel Wein getrunken zu haben, als ihn die Vettern Ninos zu weiteren Festlichkeiten einladen: „Ich kroch aus dem Bett, ächzend wie ein Greis. Die Vettern hatten Ninos Augen und ihren schlanken, biegsamen Wuchs. Der Georgier ist wie ein edles Reh, das sich unter der Urwaldgesellschaft der asiatischen Völker verirrt hat. Keine andre Rasse des Ostens hat diese Grazie, diese Anmut der Bewegungen, diese trunkene Lust am Leben und die gesunde Freude am Nichtstun." (Said, Ali und Nino, Seite 159)

Aber zur eigentlichen Geschichte: Am Vorabend der Russischen Revolution im frühen 20. Jahrhundert verlieben sich der junge muslimische Adlige Ali aus Aserbaidschan und die siebzehnjährige Georgierin Nino, welche einen Prinzessinnentitel trägt und zugleich die Tochter eines christlichen Kaufmanns aus Baku ist. In den Kurzzusammenfassungen zu dem Buch heißt es oft, es handele sich um einen Liebesroman zwischen Orient und Okzident, und das gibt das Thema wohl am besten wieder.

Nach anfänglichen Schwierigkeiten - um Nino zurückzubekommen, muss Ali sogar einen armenischen Bekannten ermorden, der sie entführt hat - heiraten die beiden Verliebten schließlich trotz aller gesellschaftlichen Widerstände und religiöser und kultureller Unterschiede. Sie heiraten in den Bergen, wohin zuerst Ali geflüchtet ist, weil er die Blutrache der Verwandten des von ihm getöteten Armeniers fürchten muss. Nino ist Ali einige Zeit später in die Berge gefolgt. In den Bergen in einem Dorf in Daghestan leben sie eine Weile zufrieden und bescheiden miteinander, bis sie die Nachricht vom Sturz des Zaren erreicht. Mit diesem sind auch die armenischen Feinde verschwunden, und für Ali und Nino wird der Weg zurück nach Baku frei. Dort aber erwartet sie der Kampf gegen die Russen, und so müssen Ali und Nino wiederum flüchten, dieses Mal zu reichen Verwandten von Ali nach Persien. Hier wollen sie bleiben, bis die Türken Baku erobert haben. Während Nino in Daghestan mit einem entbehrungsreichen Leben zufrieden war, verzweifelt sie trotz allen Luxus in Persien, wo sie als Frau isoliert von der Gesellschaft und ohne Rechte existieren muss, und wo Ali zu ihrem Entsetzen versucht - zumindest für die Öffentlichkeit - nach den strengen dortigen Regeln und Gesetzen zu leben. Als die türkische Armee Baku besetzt, können Nino und Ali endlich zurück nach Baku. Das Haus der Familie ist verwüstet, aber Nino nutzt die Zerstörung, um alles im Haus neu, europäisch und modern einzurichten. Sie wird plötzlich als Hausfrau froh. Auch Ali genießt zunächst die Veränderung im Staat, in welchem unter der Herrschaft der Türken die Russen nun nichts mehr zu sagen haben. Nur kurze Zeit später ist der Zweite Weltkrieg beendet, und wieder wendet sich das Blatt: Baku wird von den Engländern besetzt. Ein neuer Staat Aserbaidschan soll gegründet werden. Da Nino und Ali ein europäisch wirkendes Haus führen und beide Englisch sprechen, erhält Ali eine Stelle im Staatsdienst. In ihrem Haus müssen Ali und Nino jetzt das moderne, nicht mehr orientalische Aserbaidschan repräsentieren. Es wird zu ihrer Aufgabe, englische Beamte und Offiziere zu empfangen und zu unterhalten. Dies missfällt Ali zunehmend, denn er möchte lieber Asiate als Europäer sein. Als Ali für den Staat Aserbaidschan eine Stelle als Attaché im Außenministerium angeboten bekommt und nach Paris gehen soll, lehnt er zur Enttäuschung Ninos ab. Inzwischen haben Nino und Ali ein Kind, die Engländer ziehen ab, und der Staat Aserbaidschan wird souverän. Kaum sind die Engländer aus Aserbaidschan abgezogen, erreicht Ali und Nino auf dem Gut der Familie bei Gandscha die Nachricht, dass die Russen in Baku einmarschiert sind und das Parlament kapituliert hat. Obwohl es aussichtslos ist, entschließt Ali sich zu bleiben statt zu fliehen. Er will gegen die Rote Armee kämpfen. Nino flieht mit dem Kind nach Tifllis, und Ali verspricht, in wenigen Tagen nachzukommen. Ali und Nino sehen sich nicht wieder, denn Ali fällt im Kampf gegen die Bolschewiken an der Brücke von Gandscha. Das Ende der Geschichte ist, dass ein Freund beim toten Ali ein Heft findet, das er Nino überbringen will. In diesem Heft befindet sich die Liebesgeschichte von Nino und Ali, erzählt von Ali selbst.

Das habe ich jetzt zufällig gelernt: Von 1918 bis 1920 gab es nach dem Zerfall des russischen Reiches kurzzeitig die Demokratische Republik Aserbaidschan, die im Mai 1918 von der Aserbaidschanischen Nationalversammlung in Tbilissi gegründet worden war. Aber diese sowohl säkulare als auch demokratische Republik wurde nach dem Sieg der Roten Armee 1920 der Sowjetunion eingegliedert und blieb bis 1991 eine der zahlreichen Sowjet-Republiken. Dasselbe Schicksal traf Georgien nur ein Jahr später - 1921.

Es wundert mich nicht, dass die traurige Geschichte von Ali und Nino mit der von Romeo und Julia verglichen wird. Von den drei Büchern, die ich gelesen habe, hat „Ali und Nino" meine Vorfreude auf Georgien am meisten erhöht, obwohl das Buch mit der Gegenwart Georgiens so wenig zu tun hat wie ein Roman über die goldenen zwanziger Jahre in Berlin mit dem heutigen Berlin gemein hätte. Aber der Grund dafür, weshalb ich die Geschichte so ausführlich nacherzähle, ist der, dass sie mir wirklich sehr gut gefallen und meine ohnehin schon große Freude auf die Reise in den Kaukasus weiter gesteigert hat. In Batumi, der Stadt am Meer, die wir gegen Ende unserer Reise besuchen wollen, soll die erste Sehenswürdigkeit, welche man vom Hafen aus betrachten kann, ein Denkmal für Ali und Nino sein. Im Jahr 2010 schuf die Bildhauerin Tamara Kwesitadse die Skulptur „Ali und Nino", die ich natürlich unbedingt sehen möchte.

Die in Deutschland derzeit wohl bekannteste georgische Autorin ist Nino Haratischwili. Sie wurde 1983 in Tbilissi geboren, lebt aber in Hamburg und schreibt ihre Bücher in deutscher Sprache. Den Namen Nino Haratischwili hatte ich während der Buchmesse 2018 oft gehört. Ihr Buch „Das achte Leben

(Für Brilka)" hat es sogar auf die SPIEGEL-Bestsellerliste geschafft. Aus diesem Grund entschied ich mich dafür, ein anderes Buch von ihr zu kaufen: ihr Debütwerk von 2010, mit dem Titel „Juja". In dem Roman geht es um die Leserinnen und Leser des Werks „Die Eiszeit" der fiktiven Autorin Jeanne Saré. Die Lesenden werden durch die Lektüre von „Die Eiszeit" stark verändert. Jeanne Saré, die Autorin des Werks, „Die Eiszeit", sei eine siebzehnjährige Selbstmörderin gewesen, die sich in den fünfziger Jahren des vergangenen Jahrhunderts vor einen Zug geworfen habe. Die Veröffentlichung ihrer aufgeschriebenen Überlegungen habe sie nicht mehr erlebt. Das Heft, in dem sie sich befanden, sei von ihrer Pariser Vermieterin gefunden und so seien die Texte erst in den siebziger Jahren publiziert worden. Jeanne Saré sei über ihre destruktiven Texte, eine Art Bewusstseinsstrom, zum Mythos geworden. In der Folge der Lektüre von „Die Eiszeit" habe es zwischen 1974 und 1992 insgesamt fünfzehn Suizide von Nachahmerinnen gegeben. Einige interessierte Personen versuchen im Paris der Jetzt-Zeit mehr über die vermeintliche Autorin Saré und die Nachahmungsselbstmorde herauszufinden. Das ungefähr beschreibt die Handlung. Ich fand das Werk von Haratischwili mit der Geschichte über die Umstände des Buchs, über das die Figuren ihres Buchs recherchieren, recht kompliziert zu lesen. Es hat mir gut gefallen, aber eigentlich wollte ich mich beim Lesen geistig auf meine Reise nach Georgien einstimmen. Und so war ich enttäuscht darüber, dass das Werk zwar von einer bekannten georgischen Autorin war, aber kein georgisches Thema hatte und die Handlung in Paris und nicht zum Beispiel in Tbilissi spielte. Damit war es nicht geeignet, meine Vorfreude auf die Georgien-Reise zu erhöhen - was natürlich kein Kriterium für die Beurteilung eines literarischen Werks ist. Ich hätte vor der Reise doch noch ihr Buch von der SPIEGEL-Bestsellerliste - „Das achte Leben (Für Brilka)" - lesen sollen, weil das von Georgien handelt. Es ist ein Werk über sechs Generationen georgischer Familien und wäre sicher auf die Reise in das Land eine gute Einstimmung gewesen. Das Buch werde ich nach der Reise lesen.

Sehr wenig Vorwissen zu Georgien

Zu Georgien weiß ich vor unserem Reiseantritt sehr wenig. Ich kenne das Land noch unter der russischen Bezeichnung „Grusinien", vermutlich deshalb, weil es in meiner Jugend in den siebziger Jahren des letzten Jahrhunderts beliebt war, in Deutschland grusinischen Tee zu kaufen. Als Teil der Sowjetunion lieferte Grusinien/Georgien nahezu ausschließlich den Tee für die gesamte Sowjetunion. Dieser kam überwiegend aus dem Kaukasus und galt als aromatischer Hochlandtee.

Lange schon gibt es die Sowjetunion nicht mehr. Im Sommer 1990 erklärte das georgische Parlament die Unabhängigkeit Georgiens. Als eigenständiger Staat ist Georgien mit weniger als 4 Millionen Einwohnern auf einer Fläche von 57.215 Quadratkilometern nicht sehr dicht besiedelt. Ein Viertel dieser Einwohner lebt in oder um die Hauptstadt Tbilissi herum.

Georgisch ist die Sprache der Georgier. Das sprechen wir beide nicht, und erst recht können wir es nicht lesen. Da Georgien sehr lange Teil der Sowjetunion war, wurde dort auch russisch gesprochen. Das sprechen wir ebenfalls nicht. Seit der Schulreform in Georgien 2011/2012 wird in georgischen Schulen ab der 1. Klasse Englisch als Pflichtfach gelehrt. Das bedeutet, dass Kinder in jedem

Fall englisch sprechen. Aber die Generation, welche erst vor ein paar Jahren eingeschult wurde, ist noch zu jung, um jetzt Reiseführer oder Museumsmitarbeiter zu sein und Touristen etwas auf Englisch zu erklären. So bin ich gespannt darauf, ob wir Schwierigkeiten haben werden, uns zu verständigen - oder eben nicht. Dazu kommt, dass wir die georgische Schrift nicht lesen können. Beim ersten optischen Eindruck meine ich, dass die Buchstaben griechischen Buchstaben eher ähneln als kyrillischen. Aber dieser Eindruck hat keinen messbaren Wert, denn es bleibt dabei, dass ich die Schrift nicht lesen kann.

Als Reisevorbereitung haben wir in einigen Reiseführern geblättert und uns außerdem gegen Tollwut impfen lassen. Weil wir eine Rundreise in teilweise „wildes Gelände" machen wollen, haben wir den ärztlichen Rat befolgt, die empfohlene Impfung gegen Tollwut in Anspruch zu nehmen.

Außerdem habe ich vor der Reise in der Wikipedia gelesen, dass es in Georgien grüne Estragon-Limonade geben soll. Ganz so gern trinke ich Limonade nicht, aber das möchte ich unbedingt probieren. Tarchuna - das bedeutet Estragon - ist der Name des grünen, kohlensäurehaltigen Getränks, das 1887 von einem Apotheker aus Tbilissi erfunden, aber erst 1981 von der Sowjetunion für den Massenmarkt hergestellt wurde. Diese Estragon-Limonade soll es in Georgien bis heute überall zu kaufen geben.

Die Reise

29.08., Donnerstag

DÜSSELDORF - TBILISSI

Wir haben uns dafür entschieden, von Düsseldorf über Istanbul nach Tbilissi zu fliegen. Es wäre auch möglich gewesen, den Zwischenstopp in München oder in Moskau zu haben, aber Istanbul passt uns zeitlich am besten. Nachträglich sind wir froh, nicht den Flug über Moskau gebucht zu haben, denn erst Anfang Juli hat Russlands Präsident Wladimir Putin per Dekret russischen Fluglinien vorübergehend verboten, nach Georgien zu fliegen. Grund dafür waren Proteste in Georgien gegen den Auftritt eines russischen Abgeordneten im georgischen Parlament. Unsere Abreise von Düsseldorf beginnt schon mit einer Verspätung von einer Stunde, die wir im Flugzeug sitzen, während wir auf den Start warten. Es hat zuvor ein starkes Gewitter gegeben, so dass die meisten Flüge verspätet abheben müssen. Zum „Last

Call" schaffen wir das Boarding für unseren Anschlussflug nach Tbilissi. So kommen wir am späten Nachmittag in der Hauptstadt Georgiens an. Am Flughafen holt uns Irakli ab, der in den nächsten Tagen sowohl unser Fahrer als auch unser Dolmetscher sein wird. Iraklis Auto hat an der Seite eine Beule, denn er hat am Vortag erst einen kleinen Unfall damit gehabt. Ich setze mich auf der rechten Seite der Rückbank ins Auto und stelle fest, dass der Sicherheitsgurt nicht benutzbar ist. Irakli erklärt, das sei kein Problem, denn es sei in Georgien nicht vorgeschrieben, sich auf dem Rücksitz im Auto anzuschnallen. Auf der Fahrt zum Hotel haben wir fast einen Unfall. Ob Irakli oder der andere Fahrer schuld gewesen wäre, ist mir nicht klar. Mein erster Eindruck ist, dass jeder fährt, wie es ihm gerade passt. Mir wäre es lieber, der Sicherheitsgurt funktionierte, selbst wenn es hinten nicht vorgeschrieben ist, sich anzuschnallen. Als ich feststelle, dass der Sicherheitsgurt auf der linken Seite der Rückbank in Ordnung ist, beschließe ich, den Rest der Reise hinten links und angeschnallt zu sitzen. Irakli meint, dass er plant, im kommenden Monat seinen Toyota zu verkaufen, um sich ein neues Auto anzuschaffen.

Auf dem Weg zum Hotel hält Irakli an einer Wechselstube an, an der wir etwas Geld tauschen können. Für einen Euro gibt es derzeit circa 3 georgische Lari. Interessant ist, was man für das Geld bekommt. In den großen Städten gibt es dafür natürlich weniger als in den kleinen, und importierte Waren kosten erheblich mehr als Produkte aus georgischer Produktion. Das Essen in Restaurants ist sehr günstig, wenn man es mit dem in anderen europäischen Urlaubsländern vergleicht. Irakli erklärt uns, dass eine Bedienung in Georgien im Restaurant circa 35 Lari am Tag verdiene. Das ist auch aus seiner Sicht wenig, und das Personal in den Restaurants sei deshalb auf die Trinkgelder angewiesen. Nach dem Geldwechseln fährt uns Irakli zu unserem modernen kleinen Boutique-Hotel, das mitten in der Stadt liegt. Wir wollen aber gleich wieder los, um die Stadt Tbilissi und auch Irakli näher kennen zu lernen.

Tbilissi hat mehr als eine Million Einwohner und ist so nicht nur die Hauptstadt, sondern auch mit Abstand die größte Stadt Georgiens. Im gesamten Land leben nicht viel mehr als 3,7 Millionen Menschen. Im Deutschen ist Tbilissi oft unter dem für uns viel leichter auszusprechenden Namen Tiflis bekannt.

Das ist eine Schreibvariante, die 1936 geändert wurde. Der offizielle Name der georgischen Hauptstadt ist seitdem Tbilissi. Das georgische Wort „tbili" bedeutet auf Deutsch „warm", und tatsächlich ist Tbilissi die Stadt der warmen Quellen: Seit Jahrhunderten wird im Bäderviertel heißes, kohlensäurehaltiges, aus der Erde sprudelndes Schwefel-Quellwasser zum Baden benutzt.

In Georgien waren nach dem Zweiten Weltkrieg - wie auch im Rest der Sowjetunion - deutsche Kriegsgefangene in Lagern inhaftiert und leisteten Zwangsarbeit, um die Sowjetunion wieder aufzubauen. In Tbilissi zum Beispiel haben deutsche Kriegsgefangene 1953 den Portiko am in den dreißiger Jahren errichteten Parlamentsgebäude angebaut.

Tbilissi gehört geografisch zu Europa, aber manches im Stadtbild sieht sehr asiatisch aus, wenn man die Architektur genauer betrachtet. So gibt es viele Häuser in der Altstadt, die fein geschnitzte hölzerne Balkone haben, oder Gebäude mit arabisch aussehenden Mosaiken auf den Fassaden. Dadurch, dass Tbilissi seit seiner Gründung zwanzig Mal zerstört wurde, haben sich die verschiedenen Stile der Baukunst vermischt. Wir sind über die zahlreichen Jugendstilhäuser in der Stadt überrascht. Der Jugendstil verbreitete sich über Russland zu Beginn des 20. Jahrhunderts in ganz Georgien - selbst in Batumi gibt es viele Jugendstilbauten. In Tbilissi findet sich im Jugendstil unter anderem die TBC-Bank-Zentrale und das Apollo-Theater, das 1909 als Filmtheater erbaut wurde. Eine große Anzahl an Jugendstilhäusern gibt es im ehemals deutschen Viertel entlang der Dawit-Aghmaschenebili-Straße zu sehen. Dieser Stadtteil mit dem Namen Neu-Tiflis wurde von so genannten Kaukasiendeutschen - deutschstämmigen Einwohnern des Russischen Reiches, die sich im Kaukasus niederließen - im 19. Jahrhundert gegründet. Die Jugendstilhäuser, die dort bis heute stehen, sind in den letzten Jahren sorgfältig restauriert worden. Außerdem ist is Tbilissi die Architektur der Sowjetunion zu sehen, die sich besonders in den vielen Plattenbauten der Wohnhäuser widerspiegelt, und die Architektur aus der Zeit nach dem Zerfall der Sowjetunion: glitzernd, glänzend, metallisch, gläsern, teilweise monumental - so zum Beispiel gibt es einige gigantisch wirkende Casinos oder Spielhallen.

Wir lassen uns von unserem Guide ein wenig durch die Stadt führen. Irakli spricht fließend Englisch, denn er hat als Kind nach dem

Ende der Sowjetunion mit seinen Eltern ein paar Jahre in den USA gelebt und ist dort zur Schule gegangen. Als Erwachsener ist er später allein für einige Zeit noch einmal in den Vereinigten Staaten gewesen. Wir laufen zu Dritt zum Metechi-Plateau und bewundern dort das Reiterstandbild des Stadtgründers König Wachtang I. Gorgassali. Der König Wachtang I. Gorgassali soll der Legende nach nicht nur der Gründer, sondern auch der Namensgeber von Tbilissi sein, dem „Platz der warmen Quellen". Gorgassali, der Name des Königs, bedeutet Wolfshaupt. Der Grund für diesen Namen war der, dass der Helm des Königs mit einem Wolfsschädel verziert gewesen sei. Das königliche Reiterstandbild ist imposant, aber mir fallen dort sofort die zahlreichen frei herumlaufenden, offenbar zu niemandem gehörenden Hunde auf. Irakli erklärt, ich solle mir keine Sorgen machen. Das seien alles sehr ordentliche und friedliche Hunde, welche von den städtischen Behörden gechippt werden. Tatsächlich sehe ich bei den ersten wilden Hunden, die mir am Reiterstandbild entgegenkommen, die Chips am Ohr. Irakli streichelt einen der Hunde, um zu beweisen, wie freundlich die Tiere sind. Jetzt wird der gestreichelte Hund sehr anhänglich, und Irakli hat Schwierigkeiten, ihn wieder loszuwerden. In der Nähe des Reiterstandbilds wollen wir die Metekhi-Kirche besichtigen, die auf dem Felsen steht. Diese georgisch-orthodoxe Kirche wurde im 13. Jahrhundert auf dem Felsen erbaut, weil dieser Platz besonders sicher sein sollte. Trotzdem wurde die Kirche im 13. Jahrhundert von mongolischen Invasoren zerstört, aber danach noch im gleichen Jahrhundert wieder aufgebaut. Bezeichnend für Georgien - bis heute - scheint mir, dass über die Jahrhunderte die Georgier immer wieder ihren christlichen Glauben und ihre Kirchen gegen Andersgläubige verteidigten. In den folgenden zwei Wochen gibt es zu vielen der Kirchen, die wir besichtigen, solch eine Geschichte. Bei der Metekhi-Kirche machen wir zum ersten Mal die Erfahrung, dass wir so, wie wir sind, nicht eingelassen werden: Ich habe eine lange Hose an, Edward eine kurze. Eine Hose zu tragen ist Frauen in der georgisch-orthodoxen Kirche nicht erlaubt. Vor der Kirche liegen Wickelröcke, die über die Hose gebunden werden müssen. Ebenfalls ist es Männern nicht erlaubt, die Kirche in kurzer Hose zu betreten, so dass Edward sich den letzten vorhandenen fleischfarbenen Wickelrock umbinden muss, wenn er die Kirche besichtigen möchte. Irakli findet das weder lächerlich noch ungewöhnlich. Wir hatten nicht damit gerechnet, direkt am ersten Tag eine Kirche zu besuchen. In den folgenden Tagen habe ich meinen aus Deutschland mitgebrachten eigenen Wickelrock und auch ein Tuch - denn Frauen sollen zudem ihr Haar in der Kirche bedecken - immer im Auto dabei. Edward trägt fortan konsequent eine lange Hose, es sei denn, wir wissen ganz sicher, dass wir keine Kirche besichtigen. Das ist aber sehr selten, denn an nahezu jedem Tag steht die Besichtigung mindestens einer georgisch-orthodoxen Kirche an.

Einen Eindruck von post-sowjetischer Architektur in Georgien vermittelt uns der Blick auf den vom einstigen Präsidenten Saakaschwili errichteten prunkvollen Präsidentenpalast. In der Nähe davon betreten wir direkt am ersten Tag die kaum zu übersehende 150 m lange, so genannte „Friedensbrücke", eine Fußgängerbrücke, die über den Fluss Kura geht und den 2011 neu angelegten Rike-Park mit der Altstadt verbindet. Der Auftrag zu dem bogenförmigen Konstrukt aus Glas und Stahl kam ebenfalls noch vom ehemaligen Präsidenten Saakaschwili. Der Architekt für den Bau der Brücke war der Italiener Michele De Lucchi. Wegen der geschwungenen Form ihres Tragewerkes, die an eine Damenbinde erinnere, werde die

Brücke von Einheimischen mit dem Namen „Always Ultra" verspottet. Dass die Brücke mit diesem Namen verhöhnt wird, hat uns nicht Irakli erzählt, sondern ich habe es in verschiedenen Reiseführern gelesen. Von zur Zeit der Regierung Saakaschwili gebauten Gebäuden gibt es sehr viele. Oft wirkt die Architektur auf mich überladen, und ich habe den Eindruck, als hätten sich Oligarchen mit monumentalen Bauwerken verewigt. Das wirkt zum Teil wenig geschmackvoll, und manchmal sieht es sogar unangenehm aus, weil die Gebäude - teilweise Casinos und Spielhallen - sich in das über Jahrhunderte gewachsene Stadtbild nicht einfügen. Sie muten an, als ob sie ohne jede Achtung und Rücksicht einfach dazwischengeworfen seien. Ich frage Irakli, was er oder andere Georgier von Saakaschwili und seiner Architektur halten. Was die Architektur betrifft, hat Irakli eine ähnliche Meinung wie ich, nur ist seine viel radikaler, geht es doch schließlich um sein Land, das so verunstaltet wird. Dazu, was das Ansehen Saakaschwilis bei der Bevölkerung betrifft, meint Irakli, dass der jetzt im Exil in den Niederlanden lebende ehemalige Präsident von 90 Prozent der Bevölkerung in Tbilissi wenig geachtet werde. Der am geringsten geschätzte Politiker, den es in letzten Jahren in Tbilissi gegeben habe, sei jedoch der 2014 dort gestorbene Eduard Schewardnadse - also der zweite Präsident Georgiens und gleichzeitig der einstige Außenminister der Sowjetunion. Das erstaunt mich, weil Schewardnadse im Westen meist hoch geachtet wird wegen seines großen Entgegenkommens zunächst bei der deutschen Wiedervereinigung und schließlich bei den sich daran anschließenden Zwei-plus-Vier-Verhandlungen. Irakli aber ist der Ansicht, dass Schewardnadse der Hauptverantwortliche für den Niedergang der Wirtschaft in Georgien sei. Mit seiner Meinung, so sagt er, stehe er keineswegs allein. Im Westen, insbesondere in Deutschland, habe die Mehrheit allein wegen der Verdienste Schewardnadses um die deutsche Wiedervereinigung ein positives Bild von ihm, was aus deutscher Sicht verständlich sei. Das eigene Land aber habe der Georgier Schewardnadse ausverkauft und sich außerdem selbst daran bereichert.

Irakli, das ist nicht nur der Name unseres Guide, sondern auch der einer der Hauptfiguren aus „Das Birnenfeld" der georgischen Autorin Nana Ekvtimishvili. „Das Birnenfeld" ist eines der Bücher, die ich vor der Reise gelesen habe. In dem Roman ist die Figur des Irakli das Kind aus dem Waisenhaus in

Tbilissi, welches von einem gutwilligen älteren amerikanischen Ehepaar adoptiert und mit in die USA genommen werden soll. Vor der geplanten Abreise bekommt der Irakli aus dem Roman von einem anderen Kind Englischunterricht, damit er sich in der neuen Heimat behaupten kann. Zum großen Teil ist das, was ihm beigebracht wird, wie man auf Amerikanisch flucht und andere Menschen bedroht. Als es so weit ist, dass der Roman-Irakli abreisen soll, entscheidet er sich am Flughafen gegen die neuen Eltern und die Ausreise in die USA, beschimpft auf Englisch unflätig - so wie er es gelernt hat - die Adoptiveltern, und flieht aus dem Flughafen. Das ist der Irakli aus dem Buch, aber die fiktive Person fällt mir direkt am ersten Tag wieder ein, als der junge Mann aus Tbilissi, der unser Guide ist, sich als Irakli vorstellt. Er ist 32 Jahre alt und damit ungefähr in dem Alter, in dem die Buch-Figur Irakli heute wäre. Und natürlich ist es ein bloßer Zufall, dass unser Guide tatsächlich jahrelang in den USA gelebt hat und fließend Englisch spricht. Irakli ist ein sehr beliebter georgischer Männervorname. Es ist die georgische Variante des griechischen Namens Herakles. Herakles ist in der griechischen Mythologie ein Held und außerdem der Sohn von Zeus, dem wichtigsten olympischen Gott.

Unser Guide Irakli ist, das merkt man direkt am ersten Tag, mit seinem Staat sehr unzufrieden. Diese Meinung teile er mit der Mehrheit der Georgier. Es gebe eine schwache, kaum handlungsfähige Regierung, die es zulasse, dass die Reichen reicher und die Armen ärmer würden. Als Alternative zu der gegenwärtigen Regierung gebe es derzeit nur ein korruptes Oligarchensystem - und auch das habe Georgien schon einmal gehabt.

Wir gehen noch etwas spazieren; Irakli zeigt uns die Schwefelbäder von außen.

Unseren ersten Tag in Georgien lassen wir gemütlich ausklingen. Irakli bringt uns in das Restaurant ganz in der Nähe unseres Hotels, wo ein Tisch für uns reserviert ist, erklärt und empfiehlt uns einige Speisen und macht sich auf den Weg in die Stadt Mzcheta, wo schon seit einigen Stunden die Hochzeitsfeier einer Freundin aus Tbilissi gefeiert werde. Wir sind vom Reisen zu müde, um hungrig zu sein. Heute Abend reicht es uns, lokales Bier zu trinken und dazu ein paar Vorspeisen zu essen. Wir bestellen eine typisch georgische - übrigens vegetarische - Spezialität: mit Walnusspaste gefüllte Auberginenröllchen, die mit Granatapfelkernen dekoriert sind. Außerdem teilen wir uns eine georgische Käse-Platte. Der Käse nennt sich Sulguni und ist der traditionelle Salzlakenkäse, der uns sowohl geräuchert als auch ungeräuchert serviert wird. Der Geschmack ist milde beim ungeräucherten Käse, würzig beim geräucherten. Solch eine Käseplatte macht satt, und das Bier passt dazu vorzüglich.

30.08., Freitag

TBILISSI

Irakli hat in Tbilissi eine Wohnung, gebürtig ist er aus der Stadt Kutaissi, wo der Rest seiner Familie lebt. Am Morgen holt er uns vom Hotel ab, um uns den halben Tag lang durch Tbilissi zu führen. Irakli sieht vom Hochzeitfeiern müde aus, lässt sich aber nichts anmerken. Wir spazieren ein wenig durch die Stadt. Irakli zeigt uns das Party-Viertel, das jetzt am Morgen nahezu ausgestorben wirkt. Am Ende der Feiermeile begegnen wir der bronzenen Skulptur des Tamada. Die Tamada-Skulptur ist eine männliche Figur, die ein traditionelles georgisches Trinkhorn in der Hand hält. Irakli, der erst seit den frühen Morgenstunden vom Hochzeitfeiern zurück ist, erklärt uns, welche Bedeutung der Tamada hat und warum Irakli ihn mag. Der Tamada hat in Georgien eine sehr angesehene Aufgabe: Er ist eine Art Tischmeister oder Toastmaster, welcher die Trinksprüche hält. Zu Beginn des georgischen Banketts muss er gewählt werden. Es ist nicht allein er, der die Trinksprüche erfindet oder der ersinnt, auf wessen Wohl oder auf welches Ereignis getrunken werden soll. Hat aber ein Gast des Banketts den Wunsch, dass zu Ehren einer bestimmten Person getrunken wird, wendet er sich an den Tamada, welcher den Trinkspruch sagt - und erst dann heben alle am Tisch gemeinsam das Glas. Die Sitte sei überliefert, sagt Irakli, werde aber heute von vielen jungen Leuten nicht mehr ganz ernst genommen. Ich frage Irakli, ob der Tamada immer ein Mann sein müsse oder ob auch eine Frau Tamada sein dürfe. Er meint, theoretisch könne eine Frau Tamada sein, aber das wäre doch ungewöhnlich. Schließlich seien es die Frauen, die das Festessen zubereiteten. Dann müssten sie nicht außerdem noch Tamada sein.

Unser Spaziergang geht weiter durch die Gassen der Altstadt mit der Karawanserei. Karawansereien nannten sich ummauerte Übernachtungsmöglichkeiten an Karawanenstraßen. Hier konnten Reisende zusam-

34

men mit ihren Tieren - Eseln, Pferden oder Kamelen - gegen Bezahlung sicher übernachten und sich versorgen lassen. Nach der Karawanserei sehen wir die Sioni-Kirche. Der Name Sioni kommt von Zion - dem Berg in Jerusalem. In dieser Kirche befindet sich das Weinrebenkreuz der heiligen Nino, die Georgien im 4. Jahrhundert christianisierte. Zu meiner Überraschung beten hier tagsüber auch viele junge Leute. Für den Besuch liegen vor der Kirche - wie wir seit dem Vortag wissen - Kopftücher und Wickelröcke aus. Diese sind hauptsächlich für die Touristen, denn Einheimische wissen sowieso, wie sie sich kleiden sollten. Außerdem besuchen wir die Antschischati-Kirche aus dem 6. Jahrhundert. Diese Kirche ist eines der ältesten Sakralgebäude Georgiens. Neben den Kirchen besichtigen wir eine Synagoge. Gegenüber von unserem Hotel befindet sich eine Moschee. Es gibt in Tbilissi eine der wenigen Moscheen, in welchen Sunniten und Schiiten zusammen beten, obwohl sich diese Richtungen sonst bekämpfen. Georgien ist ein Land der Religionsvielfalt, aber die größte Anzahl von Gotteshäusern stellen die georgisch-orthodoxen Kirchen. Da wundert es nicht, dass auch von Deutschland aus Bibelreisen organisiert werden, und wir sehen gelegentlich größere Gruppen überwiegend älterer Leute, die hauptsächlich zu dem Zweck nach Georgien gereist sind, viele Kirchen und Klöster zu besichtigen. Wie ich meine, das zu erkennen? Man sieht in Tbilissi in der Stadt Touristengruppen, bei denen die Frauen die ganze Zeit Kopftücher tragen: Sie lassen diese gleich an, um eine Kirche nach der anderen zu besichtigen. Was Kopftücher betrifft: Neben den Kirchenbesucherinnen gibt es sehr viele Frauen mit Kopftüchern, die aus islamischen Ländern zu Besuch sind, jedoch weniger zur Besichtigung der Klöster als zum Einkaufen in den schönen Geschäften in der Großstadt Tbilissi.

Wir laufen vorbei am Gabriadze-Theater, welches ein Marionettentheater ist. Dieses Theater wurde 1981 noch zu Sowjetzeiten eröffnet und bot durch die Marionetten die Möglichkeit, Geschichten weniger zensiert zu erzählen, als es in einem gewöhnlichen Theater mit sprechenden Menschen möglich gewesen wäre. Das kleine Theater in der Altstadt sei inzwischen international bekannt. Wir betrachten es nur von außen, bewundern dabei seinen schiefen Turm und laufen weiter zum Freiheitsplatz, um uns die goldene Statue des heiligen Georgs anzuschauen. Ein Höhepunkt soll heute der Flohmarkt für uns werden. Irakli fährt uns zum so genannten Dry-Bridge-Flohmarkt an der Mshrali-Brücke (= Dry Bridge). Dass diese Brücke „Trockene Brücke" heißt, hat folgenden Grund: Bis in die 1930er Jahre des letzten Jahrhunderts floss unter der Brücke ein Flussarm der Kura. Dieser wurde künstlich trockengelegt, und seitdem heißt die Brücke „Trockene Brücke". Hier auf dem Dry-Bridge-Flohmarkt wird von zahlreichen Händlern alles Mögliche verkauft: Schmuck, alte Sowjetandenken, Messer und Dolche, Ledertaschen, gefilzte Stofftiere, gebrauchte, sehr alt und erlesen aussehende Kronleuchter, die in Deutschland ein Vermögen kosten würden, aber auch das, was arme Leute so gerade noch entbehren können aus ihrem eigenen Haushalt - und von dem sie hoffen, dass irgendwer es ihnen abkaufen und ihnen dafür ein paar Lari geben wird. Bei einem Kunsthandwerker kaufe ich mir für nur 20 Lari (das ist weniger als 7 EUR) ein paar handgemachte Emaille-Ohrringe. Diese sind mit der traditionellen Zellenschmelzkunst hergestellt. Dabei werden durch das Auflöten von dünnen Metallstreifen auf den Rohling, der aus Silber oder einem anderen Metall sein kann, kleine Trennräume geschaffen, die entsprechend dem gewünschten Muster anschließend mit verschiedenem buntem Glas gefüllt werden. Bei hoher Temperatur werden die Rohlinge zum Schluss im Ofen gebrannt. Der Händler erklärt mir, dass er den Schmuck zusammen mit seiner Tante produziere. Die Ohrstecker, die ich kaufe, habe die Tante des Händlers entworfen. Als wir zurück vom Flohmarkt in der Stadt sind, wollen wir einmal mit der Metro fahren. Irakli hat für uns Tickets besorgt. Die Metro liegt meiner Einschätzung nach recht tief. Wir fahren ein paar Stationen und steigen am Freiheitsplatz aus. Jetzt ist es früher Nachmittag, und Iraklis Arbeitstag mit uns ist für heute erst einmal vorbei. Am morgigen Samstag soll er uns in der Frühe mit dem Auto abholen, denn wir wollen viel besichtigen und am Abend in Dedopliszqaro in der Nähe des Waschlowani-Nationalparks ankommen. Irakli rät uns dazu, in Tbilissi über die schöne Rustaveli Avenue zu laufen, aber die ist gerade gesperrt, weil Dreharbeiten für einen Film stattfinden. Also gehen wir erst einmal einen anderen Weg in die Altstadt zurück, um eine Kleinigkeit zu essen. Zum ersten Mal probieren wir Chinkali. Von diesen müssen Gäste in den meisten Restaurants mindestens fünf bestellen, damit sich für den Koch der Aufwand lohnt, die Chinkali zu produzieren. Es handelt sich dabei um eine Art Teigtaschen, die ähnlich, aber nicht genauso aussehen wie Maultaschen oder Piroggen. Der Teig besteht aus Mehl, Wasser und Salz. Er wird erst gewalkt, und anschließend werden kreisrunde Teigscheiben daraus ausgestochen. Diese werden mit einer Füllung versehen - für uns Vegetarier mit Kartoffeln -, dann wird der Rand gefaltet und oben geschlossen. Die oben verschlossenen Chinkali sehen wie zugeknotet aus. Sie werden in Salzwasser gekocht und am Tisch mit ausgelassener Butter serviert. Mir schmecken sie sehr gut, aber ich werde zu schnell satt davon und kann sonst nichts mehr essen. Diese Chinkali schmecken nicht nur, sondern sie sehen außerdem sehr lustig aus - eben wie oben sorgfältig verknotete Teigklumpen. Das macht sie als Motiv für Socken, T-Shirts oder Taschen attraktiv. Bevor ich wusste, dass dieses Motiv eine Teigtasche ist, dachte ich, es wäre Knoblauch. Überall in Georgien sehen wir die Chinkali - teilweise mit lachenden Gesichtern - auf Souvenirs aufgedruckt. So beliebt und bekannt sind die Chinkali, die es für Nicht-Vegetarier natürlich noch mit viel mehr Füllungsvarianten zu essen gibt. Am häufigsten sind Chinkali wohl mit Faschiertem aus Fleisch oder Rind gefüllt.

In Tbilissi finden sich auf den Straßen überall frei laufende Katzen und Hunde, die freundlich wirken und gepflegt aussehen. Irakli versichert uns, dass es ihnen gut geht. Sie seien gechippt, kastriert und kinderfreundlich. Ich bin keinem Tier begegnet, welches mir das Gegenteil bewiesen hat. Trotzdem habe ich mich gefragt, wie die Tiere überleben, wenn niemand permanent für sie sorgt, weil sie keinem gehören und keiner für sie verantwortlich ist. Ich bin nur auf ausgeglichen wirkende wilde Hunde getroffen: Sie liegen vor dem Café, neben dem Geldautomaten oder eben mitten auf dem Gehweg, manchmal sogar in der Mitte vom Kreisverkehr. Die Bewohner von Tbilissi gehen gelassen mit ihnen um. Manche stellen ihnen Wasser hin oder schenken ihnen etwas zu fressen.

An diesem zweiten Abend in Tbilissi trinken wir zum ersten Mal die Estragon-Limonade, über die ich in Deutschland schon gelesen hatte. Sie ist wirklich sehr grün, sehr süß und wird in einer Flasche an den Tisch gebracht, mit deren Inhalt sich zwei große Gläser füllen lassen. Weil wir uns zu zweit die Estragon-Limonade teilen, ist die Menge des Getränks ganz angenehm - eine ganze Flasche der süßen Brause wäre mir zu viel. Am Nachmittag haben wir, nachdem wir erst etwas lokales Bier getrunken haben, Compote probiert. Das ist ein traditionell osteuropäisches Getränk, das ich zuvor noch nie getrunken hatte. Es wird erzeugt, indem Früchte - zum Beispiel Pfirsiche, Äpfel oder Erdbeeren - in größeren Mengen Wasser gekocht werden. Oftmals wird zur zusätzlichen Süßung außerdem Zucker hinzugefügt. Dieses süße Wasser lässt sich kalt oder warm trinken. Das Compote, das wir tranken, war kalt. Wir tranken das mit Früchten gekochte, gesüßte Wasser, und unten auf dem Boden des Glases lagen ein paar zerschnittene Pfirsich- und Birnenstücke. Mir hat es nicht geschmeckt, weil es für meinen Geschmack viel zu süß war. Sehr gut geschmeckt haben uns beiden hingegen - und da greife ich schon auf den Rest der Reise vor - die hausgemachten Limonaden. Diese werden in fast jedem Restaurant angeboten. Meist sind sie mit Zitrone frisch zubereitet, sehr schmackhaft und zusätzlich erfrischend. Am letzten Abend hatte ich eine hausgemachte Limonade in einem Restaurant in Batumi, die zwar sehr gut geschmeckt hat, mir aber nicht bekommen ist und große Übelkeit erzeugt hat. Ich vermute, dass der Grund für die Übelkeit ungewaschenes Obst war, das mit Schale und die Limonade hineingeschnitten worden war. Es kann natürlich auch einfach eine unsaubere Zubereitung gewesen sein. Das Trinkwasser in Georgien gilt als sauber. Wir haben uns zum Mitnehmen zwar immer Wasserflaschen gekauft, uns aber Tee und Kaffee mit dem Leitungswasser gekocht und uns damit auch die Zähne geputzt. Wer empfindlich ist und deshalb kein Leitungswasser trinken möchte, muss dennoch nicht auf die guten georgischen Limonaden verzichten: Die Estragon-Limonade gibt es aus der Flasche; außerdem wird in den meisten Geschäften Zitronen-, Birnen- oder Weintraubenlimonade verkauft. Diese Getränke sind alle mit Kohlensäure versetzt und dadurch besonders erfrischend. Estragon-Limonade fand ich schon exotisch, aber es gab noch eine weitere Limonade, die überall erhältlich war und deren Geschmacksrichtung wir trotz Abbildung der Frucht auf dem Flaschenetikett zunächst nicht identifizieren konnten. Deshalb erwarben wir die Limonade mit der Aufschrift „Feijoa". Ich glaubte nicht, dass ich die Frucht schon einmal gesehen hatte. Irakli kannte das englische Wort für „Feijoa" nicht und meinte, es sei bloß eine sehr gewöhnliche Frucht. Beim Suchen in der Wikipedia stellte sich heraus, dass es sich bei der uns unbekannten Frucht um die brasilianische Guave, Ananas-Guave oder eben Feijoa handelt. Ich war überrascht, dass diese exotische Frucht hier zu Limonade verarbeitet wird - dazu noch unter einem Namen, welcher gleichzeitig der Fachbegriff ist und nicht ins Georgische übersetzt wurde. Weiter erklärt Wikipedia, dass Feijoa heute in Eurasien, vor allem Zentralasien, angebaut werde. Als recht anspruchslose Pflanze baue man Feijoa auch in Georgien und Aserbaidschan an. So ist die Feijoa-Limonade ein Produkt, das mit heimischem Obst hergestellt wird. Von den georgischen Limonaden, die wir probiert haben, schmeckte sie uns dennoch am wenigsten. Mir war sie zu süß, und meine georgische Lieblingslimonade aus der Flasche ist die mit dem klassischen Zitronengeschmack, dicht jedoch gefolgt von der Weintraubenlimonade. Der Weintraubengeschmack, verfeinert durch leichte Kohlensäure, ist sehr angenehm.

31.08., Samstag

TBILISSI - DAWIT GAREDSCHA - SIGHNAGHI - DEDOPLISZQARO

Schon um 9 Uhr holt Irakli uns vom Hotel ab, denn heute sollen wir rund 250 Kilometer Auto fahren und wollen auf dem Weg einiges sehen. Leider regnet es ausgerechnet jetzt, obwohl es seit Woche nicht mehr geregnet hat. Dazu gibt es Nebel, und alles wirkt grau. Irakli meint, außerhalb der Stadt seien an den meisten Tagen die schönsten grünen Wiesen zu sehen, wir aber betrachten nur vertrocknetes Gras und viele Kühe, sofern der Nebel überhaupt Sicht ermöglicht. Nahe der aserbaidschanischen Grenze wollen wir das Kloster Dawit Garedscha am Berg Udabno besichtigen. Das ist ein Höhlenkloster, welches seinen Ursprung im 6. Jahrhundert hat. Dieses georgisch-orthodoxe Kloster soll das älteste Kloster Georgiens sein, und es steht auf der Vorschlagsliste zum UNESCO-Welterbe. Zu Sowjetzeiten sei das in Tuff gehauene Wüstenkloster jahrzehntelang im militärischen Sperrgebiet, für die Öffentlichkeit unzugänglich und zu der Zeit nicht einmal auf Landkarten verzeichnet gewesen. Auf dem Weg kaufen wir etwas zu essen für das später geplante Picknick, aber im Moment sieht das Wetter nicht einladend aus. Der Weg von der Hauptstraße zum Kloster sei pro Strecke bloß 40 Kilometer, meint Irakli. Für die 40 Kilometer hin müsse er jedoch zwei Stunden einplanen, für die 40 Kilometer zurück zur Hauptstraße, von der die Fahrt weitergehen soll, noch einmal. Die Straßen seien einfach zu schlecht und voll mit Schlaglöchern. Insgesamt ergeben sich daraus, wenn man noch eine Stunde für die Besichtigung einrechnet, fünf Stunden für den Ausflug zum Kloster. Irakli fährt uns in

44

seinem Privatwagen, einem Toyota, so gut er kann durch die mit Schlaglöchern durchsetzten Wege. Noch schlimmer wird es, als der Schlamm - jetzt durch den Regen entstehend - auf dem Weg zum Kloster immer dicker wird. Als wir sehen, wie ein vor uns fahrender Geländewagen im Schlamm fast steckenbleibt, bitten wir Irakli, zu drehen und den Rückweg zur Hauptstraße zu fahren. Wir verzichten darauf, das Kloster zu sehen. Die Vorstellung, im Regen mit dem Toyota im Schlamm stecken zu bleiben und dort bis zur ungewissen Rettung den ersten Tag der Rundreise zu verbringen, ist einfach zu unangenehm. Irakli wehrt sich erst etwas gegen den Rückzug, denn schließlich habe sein Arbeitgeber das Kloster Dawit Garedscha als Programmpunkt aufgenommen. Aber er scheint doch etwas erleichtert, die sinnlose Fahrt - dazu mit seinem Privatwagen, der inzwischen völlig verschmutzt ist - nicht weiterführen zu müssen. Ich möchte sowieso viel lieber zum nächsten geplanten Zwischenstopp, Sighnaghi, der Stadt, die mit dem Titel „Love City" für sich wirbt. Vorher halten wir jedoch noch in dem Ort Udabno, der einst zum militärischen Sperrgebiet gehörte und wo auch Manöver stattfanden. Hier freuen wir uns darüber, bei der Kälte und Nässe und nach der Zeit im Auto eine Bar zu finden, die geöffnet hat und in der wir einen heißen Tee trinken können. Kurz nach uns trifft eine deutsche Reisegruppe ein, deren Busfahrer es ebenfalls für vernünftig gehalten hat, den Weg zum Kloster Dawit Garedscha abzubrechen. Auch diese Touristen sind froh, dass sie nicht im Regen stecken geblieben sind und außerdem jetzt eine Toilette benutzen und ein heißes Getränk bestellen können. Es regnet weiterhin pausenlos. Von der berühmten schönen georgischen Landschaft sehen wir auf dem Weg leider nur ein Grau-in-Grau und dichten Nebel. Irakli fährt uns zurück zur Hauptstraße, von der es nach Sighnaghi weitergehen soll. Auf dem Rückweg nach unten warnt Irakli einige Fahrer, die den Weg nach oben zum Kloster Dawit Garedscha bewältigen wollen, vor der Weiterfahrt. Noch will aber keiner seinen Rat annehmen und umkehren, denn schließlich stehe der Besuch des Klosters für die Touristen im Programm.

Unser am Morgen geplantes Picknick fällt im wörtlichen Sinn ins Wasser. Als es etwas weniger regnet, steigen wir aus dem Auto aus und essen am Straßenrand neben einem Baum unsere für das Picknick gekauften Käseteilchen.

Es ist der erste Tag, an dem wir innerhalb Georgiens herumreisen, und das Wetter kann man leider nicht vorbestellen. Durch den Abbruch des Wegs zum Kloster Dawit Garedscha haben wir immerhin ein paar Stunden gespart, so dass der Urlaubstag noch nicht halb vorbei ist. Ich freue mich jetzt darauf, endlich wieder an der Hauptstraße angekommen zu sein, um weiter nach Sighnaghi in den Osten Georgiens zu fahren. Der Name der Stadt kommt aus dem Alttürkischen und bedeutet so viel wie „Schutz" oder „Asyl". Die Stadt Sighnaghi sei ordentlich geschützt gewesen - die historische Stadtmauer ist heute noch gut erhalten. Sighnaghi gehört zu den kleinsten Städten Georgiens und hat - entsprechend einer Volkszählung aus dem Jahr 2014 - gerade einmal 1.485 Einwohner. Es gibt eine historische Altstadt, und wegen der romantischen Kulisse sei Sighnaghi unter Verliebten sehr gefragt, so dass hier gern geheiratet werde. Das Städtchen nennt sich selbst „Love City" und wirbt damit. Irakli hält die Reklame mit der „Love City" nur für eine Marketing-Idee. Er und seine Freunde sind in dem Alter, in dem viele ans Heiraten denken. Irakli kennt jedoch aus seinem Umfeld in Tbilissi niemand, der eigens nach Sighnaghi gefahren ist, um ausgerechnet dort zu heiraten. Heute ist Samstag, und wir stellen fest, dass in Sighnaghi tatsächlich Hochzeiten stattfinden. Vor dem Standesamt sehen wir ein Brautpaar. Ein zweites stößt in der Innenstadt mit seinen Gästen mit Sekt an und wird nicht nur von diesen bejubelt, sondern auch von den Souvenirhändlerinnen, die vielleicht sogar Bekannte sind. Es ist in inzwischen weniger neblig, so dass wir die Aussicht genießen können.

Als wir am frühen Abend in Dedopliszqaro ankommen, scheint sogar die Sonne. Das macht uns froh, denn Dedopliszqaro ist nur ungefähr 60 Kilometer vom Waschlowani-Nationalpark entfernt, wo wir am folgenden Tag wandern wollen.

Dedopliszqaro ist eine Stadt mit rund 6.000 Einwohnern, und es gibt dort einige Betriebe der Lebensmittel- und Leichtindustrie. Wir wollen im Gästehaus Savanna übernachten, das von einem älteren Ehepaar geführt wird. Bei der Versorgung der Gäste hilft die ganze Familie mit, denn hier werden die Gäste entsprechend dem alten georgischen Sprichwort, dass der Gast ein Geschenk Gottes ist, sehr aufwendig und großzügig bewirtet. Das werden wir später feststellen, aber zuerst müssen wir etwas über den Namen Savanna für das Gästehaus lachen. Nach dem Besuch des Nationalparks denke ich, dass dessen steppenartige Vegetation möglicherweise der Namensgeber war. Ich vermute, dass das Ziel der meisten Touristen, die im Savanna übernachten, der Waschlowani-Nationalpark ist.

Weil es den ganzen Tag geregnet hat und wir die meiste Zeit des Tages im Auto gesessen haben, wollen wir vor dem Abendessen noch einen Spaziergang machen und den kleinen Ort erkunden. Sofort begegnen wir ein paar Kühen, die am Straßenrand entlang nach Hause spazieren. Wir passen gut auf, um nicht in die überall auf der Straße herumliegenden Kuhfladen zu treten. Im Savanna-Gästehaus ziehen die Wirtsleute vor dem Haus die Schuhe aus. Zum Glück haben wir ein paar saubere Ersatzschuhe mit und können uns ebenfalls unserer verschmutzten Schuhe entledigen. Mehr Sorge als die Kühe machen mir weiterhin die frei herumlaufenden Hunde, von denen mich gleich wieder einige freundlich begrüßen wollen. Bei unserem kleinen Spaziergang fällt uns auf, dass der Ort einen Bahnhof hat. Wegen des schlechten Zustands des Bahnhofsgebäudes denken wir zunächst, dass hier seit Langem kein Zug mehr gefahren ist. Aber dann sehen wir einen Güterzug ankommen, und der Bahnhofsvorsteher erlaubt Edward, ein paar Bilder zu machen, nachdem Edward ihm mit ein paar Fotos auf seinem Smartphone gezeigt hat, dass er im Bereich Eisenbahn arbeitet. Mehr können wir uns mit den Bahnhofsvorsteher leider nicht verständigen, denn Irakli ist ausnahmsweise einmal nicht dabei.

So kehren wir ins Gästehaus Savanna zum Abendessen zurück. Es erwartet uns ein opulentes Essen als echtes Beispiel georgischer Gastfreundschaft. John Steinbeck hat mit seinen Beschreibungen davon nicht übertrieben. Für uns ist sogar berücksichtigt worden, dass wir nur vegetarisch essen. Trotzdem biegt sich der Tisch mit einer großen Anzahl von verschiedenen Speisen. Als wir uns gerade an Obst aus dem eigenen Garten der Wirtsleute, Gemüsesuppe, verschiedenen Salaten, gefüllten Auberginenröllchen, Omelette und dem guten georgischen Brot satt gegessen haben, wird noch eine ganze Platte mit selbst gemachten Pommes frites aus frischen Kartoffeln aufgetragen, so dass wir gar nicht alles aufessen können. Alles ist selbst gekocht oder gebraten.

Edward und ich stellen fest, dass wir an Stelle des angebotenen Safts vielleicht gern etwas Wein zum Essen trinken würden. Irakli ist sehr erstaunt darüber, dass die Wirtsleute keinen Wein auf den Tisch gestellt haben. Er erklärt sich das damit, dass wir den Wunsch geäußert haben, vegetarisch zu essen - und dass die Gastgeber deshalb vielleicht angenommen haben, wir seien generell Abstinenzler. Zwei Minuten später kommt Irakli mit einer Plastikflasche des Mineralwassermarke Borjomi zurück, in welcher sich eine rosa Flüssigkeit befindet. Gern böten die Wirtsleute uns diesen selbst hergestellten Wein an. Sie wollten sich jedoch dafür entschuldigen, dass er nicht in der üblichen hervorragenden Qualität sei. Der Wirt sei krank gewesen, so dass sie für die Weinproduktion fremde Trauben hätten zukaufen müssen. Deshalb sei dieses Jahr die Qualität des Weins geringer als sonst. Skeptisch trinken wir den rosa Wein aus der Wasserflasche. Er ist recht süß, schmeckt uns aber gut. Irakli mag keinen Wein und trinkt nicht mit. Obwohl der Geschmack des Weins angenehm ist, sind Edward und ich bei der Süße nicht sicher, ob er uns nicht am folgenden Tag, den wir im Nationalpark verbringen wollen, große Kopfschmerzen erzeugen könnte. So trinken wir zu zweit nur die halbe Flasche, um die andere Hälfte für den folgenden Abend aufzuheben. Der Wein hat nicht nur gut geschmeckt, sondern er ist uns auch wohl bekommen. Irakli erklärt uns, dass die Georgier stolz auf ihren Wein seien und sehr viele Leute diesen privat herstellten, weil jeder Weintrauben im Garten habe. Selbst Menschen, die sonst „sehr faul" seien und „nichts erreichten", produzierten oft guten Wein.

Am späteren Abend sieht Irakli das Rugby-Spiel in Tbilissi, das er jetzt leider nicht im Stadion, sondern nur auf dem Fernseher im Speiseraum verfolgen kann. Wie viele andere Georgier schaut Irakli begeistert Rugby, und die Georgier haben nach seiner Auskunft ein sehr gutes Team. Georgien spielt gegen Schottland, was mir im Nachhinein die größeren Mengen an Männern in Schottenröcken, die ich am Vortag in Tbilissi gesehen habe, als Fans erklärt. So bin ich froh, dass wir heute nicht in Tbilissi sind, wenn an diesem Samstagabend die Rugby-Fans in den Straßen feiern. Ich gehe lange vor Spielende ins Bett, ohne das Ergebnis des Rugby-Spiels der Georgier gegen die Schotten abzuwarten. Später erfahre ich, dass Georgien dieses Spiel verloren hat.

01.09., Sonntag

DEDOPLISZQARO - WASCHLOWANI-NATIONAL-PARK - DEDOPLISZQARO

Am Vortag hat Irakli bereits Kontakt zum Ranger des Waschlowani-Nationalparks aufgenommen, den wir heute besuchen wollen. Dieser Park wurde zwar schon 1935 als Schutzgebiet angelegt, aber erst 2013 zum Nationalpark erhoben. Jetzt umfasst der Park 20.000 Hektar Fläche. Seine beeindruckende Landschaft wechselt im Aussehen von Wüste zu Steppe. Ich habe gelesen, dass der Park sich durch seine besondere Trockenheit auszeichne. Irakli erklärt uns, dass der Ranger der Ansicht ist, wir sollten uns heute vor 10 Uhr gar nicht erst auf den Weg machen. Wegen des starken Regens am Samstag, nachdem es so lange vorher nicht geregnet habe, sei es sinnvoll, erst einmal abzuwarten, bis die ganzen Wege wieder etwas getrocknet seien. Um 10 Uhr holt uns der Ranger mit einem Geländewagen ab. Nach den Erfahrungen in Schlamm und Schlaglöchern mit dem Toyota am Vortag, sind wir über das geländetaugliche Auto erleichtert. Der Ranger wird den ganzen Tag fahren, und da Irakli viel besser Englisch spricht als dieser, wird Irakli alles erklären beziehungsweise das übersetzen, was der

Ranger erzählt. Zunächst erfahren wir, dass der Waschlowani-Nationalpark nur 2.000 Besucher pro Jahr habe. Von diesen, so meint der Ranger, seien rund 80 Prozent Deutsche. Der sehr sympathische Ranger bleibt für uns an dem Tag namenlos, denn immer wenn Irakli etwas übersetzt, bezieht er sich auf „den Ranger". Da wir allein über Irakli mit dem Ranger kommunizieren, sprechen wir ihn nie direkt an und erfahren so bis zum Schluss seinen Namen nicht. Bevor es losgeht, halten wir noch an einem Lebensmittelgeschäft an, wo wir für den Tag im Nationalpark etwas zu essen und zu trinken einkaufen. In dem kleinen Geschäft können die Kunden die verschiedensten Kekse einzeln aussuchen und abwiegen lassen. Zufällig wähle ich welche aus, die so schmecken wie ich den Geschmack der Liga-Kekse in Erinnerung habe, die ich 1971 täglich im Kindergarten zu essen bekam.

Weil der Waschlowani-Nationalpark sich bis ins aserbaidschanische Grenzgebiet ausdehnt, ist für den Besuch eine Anmeldung mit Personalausweis nötig - Irakli und der Ranger melden uns an. Bevor es in den Park geht, will der Ranger uns zu einer Adlerschlucht in der Nähe von Dedopliszqaro fahren, wo sich gut Vögel beobachten lassen.

Das Wetter ist jetzt angenehm. Es ist sonnig und klar, alles ist wieder trocken, und der Vogel-Aussichtspunkt bietet gute Sicht. Der Ranger erklärt, dass dieser Ort ein Paradies für echte Ornithologen sei, die hier Stunden verbringen und die Vögel beobachten könnten. Auch ohne ornithologische Kenntnisse genießen wir die gute Aussicht bis nach Aserbaidschan. Der Ranger sagt, er habe eine Zeitlang den Schakal vermisst und schon befürchtet, der sei vielleicht gestorben. Nach einer Weile aber habe sich die Vermutung bestätigt, dass der Schakal wohl über die Grenze nach Aserbaidschan gelaufen sei. Der Schakal brauche, anders als er selbst, eben kein Visum für Aserbaidschan, lacht der Ranger ein wenig traurig.

Nach der Stelle zur Vogelbeobachtung fahren wir weiter, und der Ranger zeigt uns die alte Burg Khornabuji, bei der Edward mit seiner Drohne ein paar Aufnahmen machen kann. Wir sind weit vom unverschlossenen Auto entfernt, in welchem alle Wertsachen liegen. Der Ranger meint, das sei kein Problem, denn es gebe hier keine Kriminalität. Das sagt uns auch Irakli immer. Hier in der Wildnis ist es außerdem unwahrscheinlich, dass außer uns andere Menschen in der Nähe sind. Die Drohne fliegt, und ein paar

Adler werden auf sie aufmerksam, lassen sie aber in Ruhe. Jetzt geht es zurück in Richtung Dedopliszqaro, um von dort in den Nationalpark zu fahren. Auf dem Weg hält der Ranger kurz an, um einen Bekannten zu begrüßen, der ein Pferd mit einer rosa Mähne führt. Ich muss sehr lachen und traue mich nicht, ein Foto zu machen: Der Besitzer hat hier mitten auf dem Land seinem Pferd die Mähne rosa gefärbt. Die rosa Mähne gefällt wohl dem Pferdebesitzer. Plötzlich gibt es wieder einen für uns unerwarteten Stopp in Dedopliszqaro. Irakli und der Ranger scheinen auf dem Weg etwas besprochen zu haben: Der Ranger hält vor einem Haus an, ein älterer Herr übergibt ihm eine Plastiktüte. Irakli erklärt, dass der Vater des Rangers seinem Sohn soeben eine Flasche selbst gebrannten Tschatschas, das ist eine Art Trester, mitgegeben habe. Jetzt halten wir noch einmal an einem kleinen Laden, und Irakli und der Ranger kaufen Tomaten, Gurken und Kekse. Weiter geht die Fahrt zum Waschlowani-Nationalpark. Der Weg ist zwar auch heute voll Schlaglöcher und Geröll, aber alles ist wieder trocken, und der Ranger fährt mit seinem Geländewagen auf den ihm bekannten Wegen vollkommen ruhig und sicher.

Besonders berühmt ist der Nationalpark für seine „Schwalbenstadt". So wird eine Felswand bezeichnet, in welcher große Schwalben-Gruppen nisten sollen. Wir sehen nur sehr wenige von den berühmten Vögeln. Der Ranger erklärt, dass die große Hitze und Trockenheit der letzen Monate vermutlich dafür gesorgt haben, dass die Schwalben dahin weitergereist sind, wo es fruchtbarer ist als in ihrer „Schwalbenstadt". Es soll vor Jahren auch der kaukasische Schneeleopard im Waschlowani-Nationalpark gesehen worden sein, aber mit einer solchen Begegnung ist wohl heute nicht zu rechnen. Der Ranger erzählt, dass Gazellen in der letzten Zeit regelmäßig gesichtet wurden, aber auch von denen zeigt sich uns keine.

Wir wandern ein Stück oberhalb der Pantitschara (Muschel)-Schlucht und blicken auf die Schiraki-Ebene, wo die tuschetischen Hirten mit ihren Viehherden überwintern sollen, bevor sie wieder in die Berge ziehen. Der Waschlowani-Nationalpark ist landschaftlich sehr beeindruckend. Neben Vögeln sehen wir an dem Tag an weiteren Tieren aber nur noch Schildkröten und eine große Katzenfamilie auf der Ranger-Station. Es gibt mehrere Ranger auf der Station, die sich abwechseln. „Unser" Ranger führt jeweils eine Woche Touristen durch den Park, dann verbringt er eine ganze Woche auf der Ranger-Station. Heute ist sein letzter Tag, bevor er wieder eine Woche auf der Station verbringen wird. Er mag seine Arbeit sehr, und dazu kommt, dass er sich mit Irakli gut versteht. So haben wir das Glück, dass wir eingeladen sind, oben vor der Ranger-Station ein Picknick zu machen. Diese schöne Überraschung ist der Höhepunkt des Tages: Bei herrlichem Wetter decken Irakli und der Ranger den Holztisch draußen, auf welchem sich zuvor eine große Katzenfamilie ausgeruht hat. Der Ranger schneidet Gurken und Tomaten, und Irakli öffnet die Packung mit den Keksen und die Tüte mit Chatschapuri - dem überbackenen georgischen Käsebrot, das es überall zu kaufen gibt und das sich sowohl warm als auch kalt essen lässt. Heute ist das Chatschapuri kalt, aber wir essen es auch immer wieder warm. Es macht satt wie eine Pizza und machmal sieht es fast wie eine Pizza aus, wenn nicht noch ein Ei darauf festgebacken ist. Am wichtigsten aber ist jetzt das Getränk, der Tschatscha. Als ich einen halb gefüllten Plastikbecher hingestellt bekomme, denke ich zunächst, dass es Apfelsaft ist, den der Ranger für uns dabei hat - zumal das Getränk aus einer PET-Flasche eingegossen wird, auf der ein

Aufkleber in georgischer Schrift klebt, die ich nicht lesen kann. Es ist natürlich nicht auszuschließen, dass mit dieser Flasche ursprünglich eine Limonade oder ein Saft verkauft wurde, aber in meinem durchsichtigen Becher befindet sich jetzt der hausgemachte Tschatscha, der eine goldgelbe Farbe hat. Ich hatte erwartet, dass Tschatscha, weil er eine Art Trester ist, durchsichtig und klar sein müsste. Tschatscha ist ein georgischer Tresterbrand, der ursprünglich ein Nebenprodukt der Weinproduktion war. Für die Industrie wird er aus weißen Weintrauben hergestellt, privat auch aus allen anderen möglichen Früchten, wie zum Beispiel Mandarinen oder Feigen. Das private Schnapsbrennen ist in Georgien erlaubt. Der Tschatscha, den wir trinken, wurde aus Weintrauben hergestellt. Die goldgelbe Farbe erklärt sich aus der Art des Brennens. Dieser Tschatscha ist vermutlich nicht mehrfach gefiltert worden.

Irakli ist begeistert, denn weder mit Bier noch mit Wein kann man ihn erfreuen, aber Tschatscha trinkt er gern. Sofort übernimmt er die Rolle des Tamada, des traditionellen Tischherrn, der die Trinksprüche sagt und als Erster das Glas erhebt. Zuerst spricht Irakli einen Toast auf die Völkerfreundschaft zwischen Georgien und Deutschland. Wir stoßen an. Dann spricht er einen Toast auf alle guten Touristen, aber nur die guten der sieben Millionen, die jedes Jahr nach Georgien kommen. Wir stoßen an. Dann gibt es einen Toast auf mich, weil ich die einzige Frau am Tisch bin. Wieder erheben wir die Plastikbecher zum Trinken. Ich schlage dem Tamada vor, einen Toast auf den Ranger zu sprechen. Das tut er gern. Wir trinken erneut. Dann wird noch einmal nachgegossen, denn nicht nur schmeckt der selbst gebrannte Tschatscha ausgezeichnet scharf und würzig, sondern außerdem muss die Flasche leer werden, denn natürlich wollen wir die Gastgeber nicht beleidigen. Es gibt während des Essens noch verschiedene Trinksprüche, und mehr und mehr möchte sich die siebenköpfige Katzenfamilie am Essen beteiligen. Der Ranger ist gutmütig und lässt sie auf dem Tisch sitzen, wo sie aus der Plastiktüte die sich darin befindenden abgeschnittenen Gurkenschalen fressen. Zum ersten Mal in meinem Leben sehe ich junge Katzen gierig Gurkenschalen fressen. Für die meisten Hunde und Katzen ist es schwer, ohne die Menschen zu überleben. Auch der Ranger hat Tschatscha getrunken, jedoch weniger als wir. Er kennt hier im Park jedes Schlagloch, und außerdem gibt es keinen weiteren Verkehr. Im entspannter Stimmung fährt er uns zurück. Während es auf der Hinfahrt viele Gespräche und Erklärungen gab, läuft jetzt laut Musik von Freddy Mercury. Sowohl Irakli als auch der Ranger haben mittlerweile wenig Lust zu reden und genießen mit uns die Fahrt, während Irakli uns alle nach Musikwünschen fragt und versucht, diesen entgegenzukommen. Überwiegend hat er Jazz-Klassiker anzubieten, was uns gut gefällt.

Der Ranger und Irakli haben sich so gut verstanden, und der Ranger hat statt der vereinbarten vier bis fünf Stunden den ganzen Sonntag mit uns verbracht.

In Bungalows kann man im Waschlowani-Nationalpark für wenig Geld sogar übernachten, und Irakli beschließt, noch in diesem Jahr mit ein paar Freunden aus Tbilissi wiederzukehren und genau das zu tun.

Im Gästehaus Savanna dürfen wir die Trauben aus dem Garten probieren, aus denen normalerweise der hauseigene Wein gekeltert wird. Wenig später gibt es ein köstliches Abendessen, das zuzubereiten bei der großen Menge den ganzen Tag gedauert haben muss. Zum Essen trinken wir die halbe Flasche des Weins, die wir am Vortag übrig gelassen haben. Trotz der zuvor schon konsumierten größeren Menge selbst gebrannten Tschatschas bekommt uns alles sehr gut.

02.09., Montag

DEDOPLISZQARO - GREMI - ALAWERDI - TELAWI - ZINADALI - KISISKHEVI

Ohne Kopfschmerzen, dafür aber gestärkt durch ein sehr üppiges Frühstück mit Porridge, Spiegeleiern, warmem Kartoffelstampf und den üblichen Frühstücksspeisen wie Brot, Käse, Tomaten und Gurken, verlassen wir das Gästehaus Savanna und reisen weiter in Richtung Gremi. Sehr oft sehen wir auf den Straßen Lieferwagen mit georgischen Kennzeichen, die aus dem Ausland gebraucht importiert wurden und deren ursprüngliche Aufschrift der neue Besitzer nicht entfernt hat. So kann es passieren, dass in einem Ort die Melonen in einem Lieferwagen transportiert werden, dessen Aufschrift für eine Schreinerei aus Kleve oder Wesel wirbt. Häufig haben wir deutsche Aufschriften wie zum Beispiel „Meisterbetrieb Schmitz" gesehen.

Georgien ist für seinen Wein bekannt, und es wird sogar behauptet, es sei das Ursprungsland des Weines. Das sollen archäologische Funde belegen, denen entsprechend schon vor 8.000 Jahren im Südkaukasus Wein hergestellt wurde. Ich habe gelesen, Stalins Lieblingswein sei Chwantschkara gewesen. Das ist ein lieblicher Rotwein, der aus dem Verschnitt von zwei Rebsorten hergestellt wird. Er stammt aus dem nördlichen Georgien und trägt den Namen des Dorfs, um welches sein Anbaugebiet liegt. Es heißt, Stalin habe diesen Wein auch seinen Gästen auf der Alliierten-Konferenz in Jalta im Februar 1945 angeboten, unter anderem dem amerikanischen Präsidenten Roosevelt und dem britischen Premierminister Churchill.

Kachetien ist die Weinprovinz in Ostgeorgien, durch die wir reisen. Sogar die Protagonisten aus dem Roman „Ali und Nino", den ich vor der Reise gelesen habe, tranken immer wieder kachetischen Wein. Wir werden nun von Irakli durch die Weinbauregion Kachetien gefahren und sehen alles Mögliche, das mit Wein zu tun hat. Links und rechts der Straße gibt es Weinanbau und große Weinfabriken. Irakli macht uns auf ein „Wine Spa" aufmerksam, an dem wir vorbeifahren: Das sei eine Art „Wellness Resort" für Leute, die zeigen möchten, das sie sich etwas leisten können, und denen es dabei nicht ausreicht, teuren Wein nur zum Trinken zu kaufen. Hier nämlich sei es sogar möglich, in dem Wein zu baden. Wir stimmen Irakli zu, weil auch wir das für keine interessante Beschäftigung halten, in Wein zu baden.

Es geht weiter nach Gremi. Das ist ein Dorf mit knapp 1.000 Einwohnern, welches für seine Zitadelle bekannt ist. Die Zitadelle Gremi ist eine kachetische Königsresidenz aus dem 16. Jahrhundert. Die Perser konnten sie bei einem Angriff 1616 nicht vollständig zerstören, aber nach dem persischen Angriff verlor die Zitadelle an militärischer Bedeutung. Wir können zwar die Festung Gremi besichtigen, aber den geplanten Besuch im Museum nicht machen, weil dieses - wie fast alle Museen der Welt - montags geschlossen ist. In der Burg aber ist es trotz des Montags möglich, die steilen Treppen nach oben steigen und den Ausblick zu genießen, und auch die Kirche besichtigen wir von innen.

Später besuchen wir die Alawerdi-Kathedrale, ein orthodoxes Kloster in der Alasani-Tal-Ebene. Die Mönche dort kümmern sich um je einen Rebstock von über 104 autochthonen Rebsorten. Bei diesen Rebsorten handelt es sich um Arten, welche schon lange und und ohne menschlichen Eingriff in dem Gebiet existieren. Für die Besichtigung der Kathedrale habe ich meinen mitgebrachten Wickelrock schon im Auto liegen. Irakli trägt heute eine kurze Hose, und es gibt am Kathedraleneingang nicht die üblicherweise ausliegenden Wickelröcke. So muss Irakli im Andenken-Geschäft bei der Alawerdi-Kathedrale gegen Gebühr eine grüne Pluderhose ausleihen und diese zur Besichtigung überziehen. Edward hat zu seinem Glück eine lange Hose an und muss keine Überhose leihen.

Nach dieser Besichtigung machen wir wieder etwas, das mit Wein zu tun hat. Wir besuchen einen Familienbetrieb, welcher in vierter Generation Quevris herstellt. Das sind die großen Tongefäße, in denen der georgische Wein nach traditioneller Herstellungsmethode vergoren wird. Heute gibt es in Georgien nicht mehr viele Töpfereien, in denen die Quevris produziert werden. Diese Tongefäße haben keinen Henkel und sehen deshalb nicht aus wie Amphoren. Die Quevris werden nur für die Produktion und nicht für den Transport benutzt. Sie sind teilweise so groß, dass zwei Menschen in sie hineinpassen würden. Als etwa 1,70 m breit und 2 m hoch muss man sich einen Quevri vorstellen. Für den Transport eines Quevri werden bis zu acht Personen benötigt. Damit der Wein ordentlich vergären kann, werden die Gefäße in der Erde vergraben, oftmals jahrelang. Die

Quevri-Methode ist die traditionelle Methode der Weinproduktion in Georgien. Eine von vielen Ausnahmen bildet Stalins Lieblingswein, denn für diesen wird der Ausbau im Stahltank benutzt. Mittlerweile wird in Georgien mit beiden Herstellungsmethoden Wein produziert: mit der herkömmlichen im Quevri und der modernen im Stahltank. Der Inhaber des Familienbetriebs erklärt uns, dass die riesigen Quevris Tonschicht für Tonschicht - circa 10 Zentimeter pro Tag - aufgetragen und dann gebrannt werden. Damit sie dauerhaft gut im Boden gelagert werden können, werden die Quevris mit Zement überzogen. Der Quevri-Produzent zeigt uns seine Werkstatt und erklärt dabei, dass in Georgien mehr Weiß- als Rotwein hergestellt werde. Dann dürfen wir einen im Quevri gelagerten Weißwein probieren, der uns sehr gut schmeckt. Und auch einen im Quevri gereiften Tschatscha genießen wir. Dieser hat einen milden Geschmack und ist weniger stark als der Selbstgebrannte, den wir am Tag davor mit dem Ranger getrunken haben.

Weiter geht es nach Telawi, die Hauptstadt der Region Kachetien. Die Stadt ist hauptsächlich durch ihren Weinbau bekannt, hat aber auch seit 1999 eine eigene Universität, die Staatliche Jacob Gogebashwili Universität Telawi, an der man - neben anderen Fächern - vor allem Önologie, also die Lehre vom Wein und vom Weinbau, studieren kann. Wir fahren kurz in die Innenstadt, wo wir zum zweiten Mal das Geschäft „Germania" sehen, ein Kinderbekleidungsgeschäft, das einer Kette anzugehören scheint. Eine große lachende Biene mit den schwarz-rotgoldenen deutschen Flaggenfarben auf dem Körper ist das Logo. Über diese tüchtige deutsche Biene als Repräsentantin einer Kinderbekleidungskette mit dem Namen „Germania" muss ich sehr lachen.

In Telawi blicken wir auf die Festung von König Erekle II. Wir sehen von außen das Gebäude, in welchem König Erekle geboren wurde und auch starb. Irakli weist uns auf die Schule hin, die König Erekle 1758 gegründet habe und in der bis heute unterrichtet werde. Erekle II. werde von der georgischen Bevölkerung hoch geachtet und als guter König wahrgenommen, weil er durch Kampf erreicht habe, dass Georgien christlich blieb. Als großer Feldherr sei er in die Geschichte eingegangen. Manchmal denke ich, dass Irakli als georgischer Patriot die Feldherren und Könige des eigenen Landes vielleicht zu positiv zeichnet, aber zum Wirken des König Erekle II. finde ich auch in der

Wikipedia viel Gutes, zum Beispiel, dass er die Macht des Adels beschnitten und außerdem Reformen zur Modernisierung der georgischen Verwaltung, Armee, Bildung und Wirtschaft veranlasst habe.

Es ist gerade Melonenzeit, und überall am Straßenrand werden die schönsten Melonen verkauft.

Wir fahren weiter zum Fürstenhaus Zinandali, wo wir uns einer Führung anschließen und den Park besuchen. Zinandali heißt der Stadtteil von Telawi, in welchem sich das Fürstenhaus befindet. Hier wurde nach Überwindung der Reblauskrise 1886 das Weingut gegründet. Dieses ist aber heute nur noch als historisches Weingut zu besichtigen, und es wird dort kein Wein mehr produziert. Der bekannte georgische Dichter Alexandre Tschawtschawadse errichtete das Landhaus schon 1835. Man kann hier auf dem schön renovierten Gelände in Zinandali auch Wein trinken, aber das tun wir heute nicht. Wir haben schon mittags Wein getrunken und fahren jetzt weiter nach Kisiskhevi, wo es ein weiteres großes Weingut gibt. Das Weingut Schuchmann in Kisiskhevi wurde von Deutschen gegründet. Die Familie Schuchmann betreibt seit 2008 in Georgien den Weinanbau, und bei der Produktion des

Weines werden sowohl traditionelle als auch westliche Methoden genutzt. Außerdem bildet Schuchmann georgische Winzer aus.

Obwohl wir mittags schon Wein probiert haben, wollen wir im Weingut Schuchmann auf die Wein-Degustation zum Abendessen nicht verzichten. Zuerst trinken wir einen Rkatsiteli 2018, einen trockenen Weißwein, der auf westliche Art produziert wurde. Das heißt, er wurde gefiltert und nicht im Quevri gelagert. Nach der Quevri-Methode wurde der Kisi 2016 hergestellt, den wir anschließend probieren. Dieser trockene Weißwein hat eine goldene Farbe, weil die Schalen und Kerne der Trauben zusammen in die Maische kommen und zusammen vergoren werden. Die Farbe - gold bis bernsteinfarben - sieht aus wie die von Cognac oder eben Tschatscha, dem georgischen Trester. Der dritte Wein, den wir verkosten, ist der Superavi 2017. Das ist ein trockener Rotwein, der ebenfalls nach der Quevri-Methode produziert wurde. Der Quevri-Produzent, den wir am selben Tag besucht haben, ist der Überzeugung, dass die Quevri-Methode die Art ist, mit der sich der gesündeste und bekömmlichste Wein herstellen lässt. Nach der Verkostung von drei Weinen kommt die freundliche Bedienung im Restaurant von

Schuchmann mit vier Überraschungslosen an den Tisch, von denen Edward eines auswählt und prompt gewinnt: Er bekommt eine Flasche Rhatsiteli-VI-Wein geschenkt, die wir einpacken und mit nach Deutschland nehmen wollen. Nach dem überraschenden Gewinn bestellt Edward sich zum Nachtisch als Dessert eine „Betrunkene Birne". Das ist eine Art „Birne in Rotwein", über welcher dekorativ Stickstoff wabert. Das Essen bei Schuchmann ist sehr schön präsentiert - „Food Art", die nicht bloß appetitlich aussieht, sondern außerdem ausgezeichnet schmeckt.

Wir übernachten nach der Degustation des dort produzierten Weins auf dem Weingut Schuchmann in Kisiskhevi. Das Dorf selbst hat weniger als 2.000 Einwohner.

Ich habe niemanden danach gefragt, vermute aber, dass Schuchmann der größte Arbeitgeber in Kisiskhevi ist.

03.09., Dienstag

KISISKHEVI - GOMBORI - MZCHETA - ANANURI - GUDAURI

Über den Gombori-Pass fahren wir zurück über Tbilissi nach Mzcheta, die alte Hauptstadt Georgiens. Auf dem Weg erzählt uns

70

Irakli, wie sehr ihn die Untätigkeit seiner Regierung ärgere. Er macht uns auf die herrlichen Früchte aufmerksam, die überall an den Bäumen links und rechts der Straße hängen - und die niemand pflückt, so dass sie verrotten. Stattdessen importiere Georgien Früchte aus anderen Ländern. Er resümiert: Manche Länder hätten eine Wüste und machten ein Paradies daraus. Hier in Georgien jedoch habe es ein Paradies gegeben - und die gegenwärtige Regierung bemühe sich mit allen Mitteln darum, dass eine Wüste daraus werde. Ich erzähle Irakli von dem Zitat aus dem Buch von John Steinbeck über die Sowjetunion in den vierziger Jahren des letzten Jahrhunderts: dass damals der Eindruck entstanden sei, dass in der früheren Sowjetunion die Menschen sich nach ihrem Tod vermutlich nicht wünschten, ins Paradies, sondern nach Georgien zu kommen. Das findet Irakli nicht ungewöhnlich, denn er ist ein georgischer Patriot und stolz auf sein schönes Land.

In der Umgebung von Mzcheta und der Stadt selbst gibt es einige Kulturdenkmäler, die zum UNESCO-Welterbe gehören. In Mzcheta, so sagt Irakli, heirateten tatsächlich viele Paare, viel mehr als in der vermeintlichen Love City, die wir vor ein paar Tagen besichtigt haben. Eine seiner Bekannten aus Tbilissi hat erst letzte Woche in Mzcheta geheiratet. Zuerst besichtigen wir das Dschwari-Kloster aus dem 7. Jahrhundert. Eine größere Gruppe junger Touristinnen und Touristen in knappen Shorts macht gewagte Selfies von sich, während sie auf der Klostermauer als Pärchen posieren. Irakli ärgert sich sehr über dieses respektlose Verhalten. Dann erblickt er eine Touristin, die sich im Innenhof des Klosters eine Zigarette anzündet. Höflich, aber sehr bestimmt, macht Irakli die Frau darauf aufmerksam, dass das Rauchen hier verboten ist. Sofort drückt die Touristin die Zigarette aus und entschuldigt sich verwirrt. Es wird erwartet, dass auch Touristen, die nicht georgisch-orthodoxen Glaubens sind, sich in Kirchen und Klöstern unauffällig und still verhalten. Einige Touristen scheinen das immer wieder ungewöhnlich zu finden. Irakli meint, dass ohne Kontrolle am Eingang manchmal Männer im Sommer mit freiem Oberkörper die Kirchen betreten oder Touristen sogar in der Kirche rauchten.

In der Swetizchoweli-Kathedrale, zu der wir nun fahren, findet eine Hochzeit statt, während der die Besichtigung der Kirche weiterhin frei ist. Die Swetizchoweli-Kathedrale,

das heißt die „Kathedrale der lebensspen-
denden Säule", ist die zweitgrößte Kirche
Georgiens. Größer ist nur die Dreieinigkeits-
kathedrale im ungefähr zwanzig Kilometer
entfernten Tbilissi. Rundherum die Swetizchoweli-Kathedrale gibt es ein weites Gelände mit jeder Menge Verkaufsständen, an
denen Besucher viel Essen, Trinken und insbesondere typisch georgische Souvenirs wie
gestrickte Strümpfe, Fellmützen oder Trink-
hörner kaufen können. Wir aber möchten
jetzt die Hochzeit sehen. Die Hochzeitsgesellschaft in der Swetizchoweli-Kathedrale
singt und betet, während das Brautpaar zum
Altar schreitet. Irakli macht ein paar Kirchen-
besucher auf die Unangemessenheit ihrer
Kleidung aufmerksam, und es sind dieses
Mal nicht nur Touristen, sondern auch eine
Georgierin trägt ein rückenfreies Oberteil.
Irakli selbst hat vorschriftsgemäß einen roten
Wickelrock über seine Shorts gebunden und
ärgert sich über die Besucher, die nahezu
„nackt" die Kirche betreten.

Während der Hochzeitszeremonie entdecke
ich in zwei winzigen Käfigen, die unauffällig
in der Ecke stehen, mehrere weiße Tauben.
Die Tiere sind qualvoll in den engen Behäl-
tern eingepfercht. Sie sollen zu Ehren und
zum Glück der Brautleute nach der Hoch-

zeitszeremonie aus dem Käfig und der Kirche nach draußen in die Freiheit entlassen werden. Ich hoffe für sie, dass es bald so weit ist.

Wir fahren weiter die alte Heerstraße entlang. Die ältesten schriftliche Überlieferungen zur georgischen Heerstraße, einer Karawanenstrecke zwischen dem Norden und dem Orient, sollen schon aus dem 1. Jahrhundert vor Christus stammen. Der 213 Kilometer lange Weg wurde 1799 offiziell zur Heerstraße, verlor aber später durch die Eisenbahn an Bedeutung. Die Heerstraße durchquert das Gebirge zwischen Russland und Georgien und kommt auf eine Maximalhöhe von 2.382 m über dem Meer. Von 1944 bis 1948 mussten deutsche Kriegsgefangene die Heerstraße mit ausbauen. Auf der Heerstraße fahren wir an einem großen Staudamm für Trinkwasser vorbei, bis wir Ananuri erreichen.

An der Wehrkirche Ananuri - oberhalb des Schinwali-Stausees - halten wir an, um dort die Kirche zu besichtigen. Die ältesten Teile der Festung stammen aus dem 13. Jahrhundert. Die Wehrkirche findet sich in fast allen Prospekten zu Georgien wieder. Wir bilden uns ein, dort eine der freigelassenen Tauben von der Hochzeit zu erblicken, die wir gerade in der Swetizchoweli-Kathedrale gesehen haben.

Nach der Besichtigung geht es für uns weiter in den Ski-Ort Gudauri, wo wir zwei Nächte verbringen wollen. Auf dem Weg erzählt uns Irakli, dass Gudauri eine Art „künstlicher Ort" sei. Lange Zeit habe es dort gar nichts gegeben. In den 1980er Jahren habe man festgestellt, dass Gudauri sich als Skigebiet touristisch nutzen lassen könnte. So habe man begonnen, Hotels für die Skifahrer zu bauen und seitdem ein Hotel nach dem anderen hochgezogen. Von Dezember bis Mai scheint Saison zu sein, aber die Hotels haben das ganze Jahr über geöffnet. Ich denke zunächst, dass Irakli vielleicht mit der Bezeichnung „künstlicher Ort" etwas übertrieben hat, denn ein wenig lässt sich das natürliche Wachstum eines Ort doch meist nachvollziehen. Als wir Gudauri erreichen, denke ich nach dem ersten Blick, dass ich Iraklis Ansicht teile. In Gudauri gibt es eine herrliche Landschaft, aber der ganze Ort wirkt wie eine Baustelle, und neben den zahlreichen, hastig hingestellten und nicht über Jahrzehnte nach und nach entstandenen Hotels gibt es nichts Interessantes zu sehen. Es sieht nicht aus, als ob Menschen hier wohnen. Der Ort wirkt, als sei er für die Touristen entstanden.

Da es außerdem wieder regnet, sieht beim ersten Eindruck alles besonders trostlos aus. Wir laufen ein bisschen im Regen herum, finden eine neu errichtete Kirche und sehen den jungen orthodoxen Priester, der seinen Hund von draußen wegen des Regens in die Wohnung holt. Im Hotel befinden sich auf der Speisekarte überdurchschnittlich hohe Preise - wie es wohl in einem Ski-Gebiet zu erwarten ist. Für uns ist das Essen vom Buffet inkludiert, und dort teilen wir uns mit zwei größeren deutschen Reisegruppen die dargebotenen Speisen. An diesem Abend ist das eigentlich warm zu genießende Essen kalt - und sonst ist die Buffet-Auswahl so wie bei den meisten Pauschalurlauben überall auf der Welt. Das ist natürlich weder außergewöhnlich noch beklagenswert, aber es ist nicht das, was wir bisher in Georgien an ausgezeichnetem Essen kennen gelernt haben. Die Speisen am Buffet könnten in nahezu jedem Hotel auf der Welt so angeboten werden. Von der bisherigen georgischen Gastfreundlichkeit verwöhnt, haben wir heute deshalb keine Lust, an der Hotelbar ein Bier zu trinken, und gehen aufs Zimmer, um unseren am Vortag bei Schuchmann gewonnenen bernsteinfarbenen Rhatsiteli VI zu genießen. Es ist eine gute Entscheidung, so den Tag mit dem köstlichen Tropfen ausklingen zu lassen. Obwohl in dem Hotel hochpreisige Weinflaschen zum Konsum ausliegen, gibt es keinen Flaschenöffner im Zimmer. Den muss der Room Service bringen, uns damit unsere selbst mitgebrachte Weinflasche öffnen und anschließend den hoteleigenen Korkenzieher wieder mitnehmen. Das ist mir etwas peinlich. Die Hotels in Gudauri sind auf Massentourismus ausgerichtet. Von traditioneller georgischer Gastfreundlichkeit ist nichts zu merken, da es um Gewinnmaximierung geht. Die zahlreichen Hotels stehen untereinander im Wettbewerb, irgendwer will daran verdienen. Der Service ist professionell, aber in dem wirtschaftlich geführten Hotel nicht herzlich. An dem Ski-Ort ist der Gast kein Geschenk Gottes mehr.

In dem kleinen Geschäft im Ort sind die Preise auf Touristen ausgerichtet. Wir möchten schwarzen Tee kaufen, aber es soll georgischer Tee sein. Nun gibt es hier georgischen Tee nur mit Bergamotte-Aroma oder als grünen Tee. Einfacher schwarzer Tee wird angeboten, aber er wurde aus Russland und aus der Türkei importiert. Wir kaufen den aus Russland importierten. Ich werde das nicht Irakli erzählen. Er würde sich darüber ärgern, weil es den feinsten Tee in Georgien gibt, dieser aber nicht verkauft wird. Der Grund dafür wird sein, dass es einigen Entscheidern um Gewinne geht: Es scheint billiger zu sein, den Tee aus dem Ausland zu importieren als den georgischen Tee zu verkaufen.

Irakli übernachtet in Gudauri nicht in unserem Hotel, sondern in einem Gästehaus, mit welchem er sehr zufrieden ist.

04.09., Mittwoch

GUDAURI - STEPANTZMINDA - GUDAURI

Wir beginnen den Tag mit der Fahrt zu einem schönen Aussichtspunkt auf 2.400 m Höhe, um Fotos zu machen. Hier gibt es die üblichen Verkaufsstände, an denen für die Reisenden an der alten Heerstraße Proviant und Andenken angeboten werden: so zum Beispiel dicke, gestrickte Wollstrümpfe mit traditionellen georgischen Mustern oder Motiven wie Bären, Wölfen und Rehen darauf. Der Preis von 20 Lari, ungefähr 7 Euro, scheint mir sehr günstig. Ich hoffe, dass die Strümpfe nicht selbst gestrickt sind, denn das wäre geradezu ein unmöglicher Preis für so viel Arbeit. Irakli fragt die Händlerin danach, und es stellt sich heraus, dass die meisten nicht selbst gestrickt, sondern maschinell hergestellt sind und von den Händlern eingekauft werden. Das erklärt die oftmals gleichen Muster. Ich kaufe ein paar Wollsocken mit einem Reh darauf. Weiter geht es mit der Besichtigung eines alten deutschen Soldatenfriedhofs auf dem Weg nach Stepantzminda. Auf einer Gedenktafel auf dem Friedhof heißt es sowohl auf Deutsch als auch auf Georgisch, dass hier Kriegsgefangene ruhen. Zwei kleine Bergblumensträuße sind vor der Tafel abgelegt. Ich frage Irakli, aus welchen Ländern die toten Kriegsgefangenen sind. Ob es nur Deutsche sind, denn wir wissen, dass die deutschen Kriegsgefangenen hier zur Zwangsarbeit eingesetzt wurden. Irakli erklärt, dass auf diesem Friedhof nur Nazis lägen. Mehr möchte ich dann nicht erfahren, weil ich bezweifle, dass die Georgier eine Gedenktafel für ausschließlich Nazis zulassen würden. Wir fahren weiter in die Berge, noch zu einem anderen Aussichtspunkt. Auf dem Weg nach Stepantzminda erläutert uns Irakli seine Meinung über die Menschen in den Bergen. Er hat über sie wenig Gutes zu sagen. Die Bergdörfler seien geldgierig, hinterhältig, brutal und gewaltbereit. Sie prügelten sich um des Prügelns Willen und hassten alles

Fremde, wobei sie an den Touristen natürlich gern Geld verdienten. Außerdem praktizierten sie immer noch die Blutrache. Die meisten Georgier hielten wenig von den Bergvölkern. Ähnliches habe ich tatsächlich auch in einigen Reiseführern gelesen. Wir machen bei unserem kurzen Aufenthalt keine negativen Erfahrungen.

Am Fuß des Berges Kasbek liegt der Ort Stepantzminda, der nach dem christlichen Märtyrer Stephanus benannt ist. Mit 5.047 m ist der Kasbek der dritthöchste Berg Georgiens. Auf Befehl des Göttervaters Zeus sei der griechischen Sage nach Prometheus an dem Berg Kasbek befestigt worden. Das war die Strafe dafür, dass Prometheus den Göttern das Feuer genommen hatte, um es den Menschen zu bringen. Hier im Kaukasusgebirge fraß in regelmäßigen Abständen ein Adler von der Leber des Prometheus, die sich jedoch immer wieder erneuerte. Erst nach langer Zeit tötete der Held Herakles den Adler, und schließlich erhielt Prometheus sogar von Zeus die Freiheit zurück. Herakles ins Georgische übersetzt ist der Name Irakli.

In Stepantzminda fahren wir hoch zum Gergeti-Plateau auf 2.200 m unterhalb des Kasbek und besuchen dort das Dreifaltigkeitskloster. Edward lässt wieder einmal die Drohne fliegen. Dann bringt uns Irakli zu einem neuen schönen Aussichtspunkt nahe der russischen Grenze. Vor der russischen Grenze steht eine lange Schlange von LKWs, die darauf warten, nach Russland zu fahren. Die politischen Verhältnisse zwischen Russland und Georgien sind derzeit schlecht. Irakli meint, es sei im Moment schwer, als Georgier ein Visum für Russland zu bekommen. Erst im Juni hat der Russische Präsident Putin alle Flüge von Russland nach Georgien gestrichen, so dass die Anzahl russischer Touristen in Georgien zu Iraklis Verdruss stark zurückgegangen ist. Irakli mag die Russen, aber nicht die Politik ihres Präsidenten, die sein Geschäft mit den Touristen einschränkt und schädigt.

Wir sind jetzt in der Darial-Schlucht, die sich auf elf Kilometer erstreckt. Diese Schlucht war in der Antike als Tor zur Hölle bekannt und ist heute in der Nähe des einzigen offenen Grenzübergangs zu Russland. Hier besuchen wir das Darial-Kloster, in welchem die tüchtigen Mönche mit Hilfe einiger Spenden alles selbst aufbauen und das Vorhandene renovieren. Wir sehen die jungen Mönche, die in lange dunkle Gewänder gekleidet sind und Presslufthämmer bedienen.

Irakli zeigt uns die Bibliothek der Mönche, in der ausschließlich gespendete Bücher stünden. Der Innen-Ausbau der Bibliothek in Holz, nach Iraklis Angaben alles von den Mönchen selbst gemacht, ist so chic, dass man diese Art von eleganter Gestaltung in London oder Paris in einem kleinen Designer-Salon vermuten könnte.

Wir fahren weiter zur Seilbahn, denn schließlich sind wir im Ski-Gebiet. Die Seilbahn ist ein Highlight, und Edward und ich reisen damit bis auf 2.900 m Höhe zum Kobi-Pass. Irakli wird uns in Gudauri mit seinem Auto abholen und zum Hotel fahren. Die Fahrt mit der Seilbahn dauert circa eine Stunde, und wir müssen dreimal umsteigen, um die Gondel zu wechseln. Insgesamt ist der durch die Luft gefahrene Weg rund 10 Kilometer. Oben angekommen, frieren wir. Es ist kalt und windig, obwohl die Temperatur sonst noch spätsommerlich warm ist. Weil Anfang September keine Ski-Saison ist, sind die meisten Gondeln leer. Im Winter muss es hier sehr voll sein. Im Sommer ist deutlich zu sehen, wie die Landschaft zerstört worden ist, damit in Gudauri viel Ski gefahren werden kann. Der Blick auf die Berge ist beeindruckend. Was auch beeindruckend ist: Obwohl wir in fast 3.000 m Höhe sind, haben wir hier

WLAN-Empfang, wie sonst überall in Georgien. An deutsche Verhältnisse gewöhnt, sind wir immer wieder erstaunt, dass es hier in Georgien im entferntesten Winkel oder in größter Höhe WLAN gibt. Wenig später sind wir wieder im Hotel. Das Abendessen erwarten wir mit verschiedenen Reisegruppen einzunehmen. Deshalb stellen wir sicher, dass wir zu den Ersten am Buffet gehören, essen und verlassen den sich schnell sehr stark füllenden Speisesaal.

05.09., Donnerstag

GUDAURI - NATACHTARI - KUTAISSI

Am Morgen stehen wir viel zu spät auf, um beim Frühstück zu den Ersten zu gehören. So ist die Auswahl leider schon stark eingeschränkt. Eine große Reisegruppe aus Israel war vor uns am Buffet und hat fast alles abgeräumt. Das heißt: Am Buffett ist nicht mehr viel zu essen übrig. Ein Teil der Gruppe hat seine Plätze am Tisch schon verlassen und erhebliche Mengen unangetasteten Essens auf den Tellern zurückgelassen. Nun ärgert es uns noch mehr, dass wir nicht früher aufgestanden sind. Mir fällt ein, dass Georgien bisher kein Mitglied der Europäischen Union ist und die gesamten auf den Tellern der Reisegruppe liegen gebliebenen

Essensreste hier nicht vernichtet werden müssen. Vielleicht kann noch ein Huhn, eine Kuh oder ein Schwein die auf den Tellern liegen gelassenen unberührten Kekse und Brötchen genießen.

Heute geht es nach Kutaissi, das ist ein weiter Weg von Gudauri. Insgesamt wird uns Irakli an diesem Tag über 300 Kilometer fahren. Irakli ist in Kutaissi geboren, und seine Eltern leben immer noch dort. Die zwei Nächte, die wir im Hotel sein werden, wird er bei seinen Eltern verbringen. Er freut sich darauf, in seine Heimatstadt zu fahren. Obwohl er jahrelang in den USA gelebt hat, werde Kutaissi immer seine Heimatstadt bleiben. Mit rund 147.000 Einwohnern gilt Kutaissi inzwischen nur noch als drittgrößte Stadt Georgiens. Kutaissi ist die Hauptstadt der Region Imeretien. Lange Zeit war Kutaissi die zweitgrößte Stadt Georgiens, aber inzwischen hat ihr Batumi mit Blick auf die Einwohnerzahl diesen Rang abgelaufen. Irakli erklärt uns, wie es dazu gekommen ist. Aus seiner Sicht sind nicht zuletzt Schewardnadse und seine Politik dafür verantwortlich. Der Niedergang der Stadt Kutaissi habe mit dem Ende der Sowjetunion begonnen. Es habe in Kutaissi viel Industrie gegeben. Das 1951 gegründete Kutaissier Automobilwerk habe Lastkraftwagen produziert. Mit dem Ende der Sowjetunion sei all das zusammengebrochen, die Leute dort - in der Autoindustrie seien fast 20.000 Arbeiter beschäftigt gewesen - seien arbeitslos geworden. Um Arbeit zu finden, haben viele in andere Städte, wie zum Beispiel Tbilissi, umziehen müssen. Inzwischen habe Batumi mehr Einwohner als Kutaissi, weil die Regierung dort alles an reiche Investoren verkaufe. Der Immobilienmarkt in Batumi boomt, und es soll dort sogar zweistellige Renditen geben.

Auf dem Weg nach Kutaissi halten wir an einer Autobahntankstelle, wo ich die Toilette benutzen möchte. Das ist leider unmöglich, weil auf der Autobahntoilette eine Hündin mit ihren Welpen lebt. Es sieht aus, als wohne die Hundefamilie dort schon länger. So wird getankt, und wir fahren weiter. Ich werde bis zur Weinprobe warten, um zur Toilette zu gehen. Eine Weinprobe haben wir heute auf dem Weg nach Kutaissi geplant. Diese findet im Mukhrani Village (deutsch: Muchrani) statt. Wir erreichen ein mit einem Tor abgesperrtes großes Gelände. Ein Security Guard öffnet das Tor, und wir dürfen mit dem Auto auf das Gebiet des Weinguts fahren. Hier wird in großem Umfang Wein und Tschatscha produziert, aber es gibt auch einen sehr schönen Garten, in welchem Kürbisse, Auberginen und alle möglichen anderen Früchte wachsen, vor allem aber die Weintrauben, die hier direkt verarbeitet werden. Château Mukhrani ist der größte Arbeitgeber im Dorf, erfahre ich von der Dame, die uns in ausgezeichnetem Englisch die Weinherstellung erklärt und im Anschluss daran die Weinprobe leiten wird. Ich frage mich - aber nicht sie -, ob auch sie in dem Dorf lebt, und wenn ja: Ob sie dort in der Schule dieses gute Englisch gelernt hat. Die Dorfbewohner von Mukhrani (Muchrani) kommen zur Weinlese oder sind auf irgendeine andere Art im Château - diesem abgeschlossenen Paradies mit Garten - beschäftigt. Da nur die auf dem Gelände des Château geernteten Trauben verarbeitet werden, fällt die Anzahl der produzierten Flaschen Wein jedes Jahr unterschiedlich aus. Fremde Trauben werden nicht hinzugekauft. Wir bekommen eine Führung durch die Produktion: Der Wein wird überwiegend nach westlichen Methoden, zum Teil auch nach der Quevri-Methode hergestellt. Tschatscha gibt es natürlich auch. Außerdem wird uns die Geschichte des Guts erklärt. Das Schloss sei von einem französischen Architekten erworben worden. Der Wein sei so gut gewesen, dass sogar die

Zarenfamilie Romanow ihn ohne weitere Prüfung von Mukhrani (Muchrani) in Georgien direkt in den eigenen Palast zum Konsum bringen ließ. Als auf Grund großer Schäden durch die Reblaus dem Weingut das Geld zur weiteren Existenz fehlte, kaufte die Zarenfamilie das Gut. Nachdem 1917 die Bolschewiken die Macht an sich gerissen hatten, übernahmen sie auch die Weinproduktion. Durch die Zugabe von viel Zucker und Wasser sei die Menge des produzierten Weins zwar drastisch erhöht worden, die Qualität aber extrem verringert. Die Bolschewiken zogen die Masse vor. In den Gorbatschow-Jahren gab es von 1985 bis 1991 in der Sowjetunion die Anti-Alkohol-Kampagne, mit der versucht wurde, den Alkoholkonsum einzuschränken und so die negativen wirtschaftlichen und gesellschaftlichen Konsequenzen des Alkoholismus in der Bevölkerung zu reduzieren. Weinstöcke wurden zerstört, und einige Sorten gingen dadurch unwiederbringlich verloren. Auch das Château Mukhrani sei davon betroffen gewesen. Viele Weinkeller habe die Gorbatschow-Regierung damals mit Zement oder Sand auffüllen lassen, um sie unbrauchbar zu machen. Der Weinkeller des Château Mukhrani sei zum Glück nur mit Sand aufgefüllt worden, so dass der Schaden zu beheben gewesen sei, erklärt uns unsere Begleitung. Dann lässt sie uns einen trockenen Rotwein, einen trockenen Weißwein und einen Rosé probieren. Anschließend testen wir noch einen Dessertwein und einen Tschatscha - all das wurde hier auf dem Gut produziert. Am besten schmeckt uns beiden der Rotwein. Der Tschatscha ist klar und durchsichtig, so wie man Grappa oder Ouzo kennt. Das ist das erste Mal, dass wir in Georgien Tschatscha trinken, der nicht goldgelb ist. Der Grund dafür, so wird uns erklärt, sei der, dass hier auf dem Weingut der Tschatscha mehrfach gebrannt werde. Das sei natürlich bei privat gebranntem Tschatscha in der Regel nicht der Fall.

Über den Rikoti-Pass geht es weiter nach Kutaissi.

Wir checken nach der Ankunft in Kutaissi erst einmal in unser Hotel ein. Es hat nur drei Sterne statt der vier, mit denen das Hotel in Gudauri in den Bergen ausgezeichnet war. Hier in Kutaissi fühlen wir uns in unserem Hotel jedoch sofort wohl. Es sieht aus, als ob auch georgische Reisende und nicht nur ausländische Touristen hier übernachten. Es fehlen bloß die Duschhaube für den Gast und das uniformierte Personal, was vielleicht in dem Touristenhotel in den Bergen den vierten Stern ausmachte. Auch sind keine größeren Reisegruppen einquartiert, was den Aufenthalt in Kutaissi noch angenehmer macht. Wir gehen bei gutem Wetter in die Innenstadt, vertreten uns ein wenig die Beine und sitzen bald draußen in einem Restaurant. Hier essen wir Chatschapuri, das traditionell mit Käse gefüllte Brot, aber dieses Mal in der Variante mit Bohnen, was auch sehr angenehm schmeckt. Dazu gibt es einen Salat und Bier. Gerade aus den Bergen kommend, wo es gefühlt eiskalt und außerdem windig war, ist es hier in der Innenstadt von Kutaissi wieder sommerlich warm. Wir laufen zum Kolchis-Brunnen am Davit-Agmashenebeli-Platz in Kutaissis Zentrum. Beeindruckend sind die großen vergoldeten Pferde an dem Brunnen und der auf dem Brunnenrand sitzende bronzene Tamada. Die Figuren sind Nachbildungen von Funden archäologischer Ausgrabungen und sollen die Zeit des antiken Königreichs Kolchis darstellen, das sein Zentrum in dieser Gegend des Kaukasus hatte. Neben dem Kolchis-Brunnen und dem Theater hat sich die Fast-Food-Kette McDonald's gut sichtbar platziert.

Auf dem Rückweg zum Hotel sehe ich ein Geschäft mit handgemachten Designer-Stücken aus Leder - Portemonnaies, Handtaschen, Rucksäcke. Ich kaufe mir eine stabile lila Lederhandtasche zum für westeuropäische Durchschnittsbürger mit Euros in der Tasche günstigen Preis. Für einen durchschnittlich verdienenden Georgier sind diese handgemachten Taschen unerschwinglich. Schöne Lederwaren werden in Georgien viel angeboten, vermutlich überwiegend für die Touristen.

Wir sind für 18:00 Uhr wieder mit Irakli verabredet. Er ist inzwischen zu Hause gewesen und hat ein von seiner Großmutter für ihn gekochtes Mahl genossen. Jetzt ist auch die Hitze vorbei, es ist aber noch nicht dunkel, so dass wir den für tagsüber geplanten Besuch der Klosteranlage Gelati vor der Stadt Kutaissi auf den Abend verschoben haben. In der Klosteranlage Gelati sind die bedeutendsten Könige und Königinnen Georgiens beerdigt. Wir besuchen die Klosterakademie Gelati, welche UNESCO-Welterbe ist und nach dem Vorbild der Akademie von Konstantinopel gegründet wurde. Seit der Regierungszeit von David IV (in der Zeit von 1073 bis 1125) gehörte dem Inneren des Klosters eine Akademie an. Ebenfalls sehen wir die Bagrati-Kathedrale aus dem frühen 11. Jahrhundert, die nach dem ersten König des vereinten Georgien, Bagrat III, benannt ist. Außerdem schauen wir uns das Mozameta-Kloster an. Der Name Mozameta bedeutet, dass es das Kloster der Märtyrer ist. Im Mozameta-Kloster ruhen Heiligenreliquien, die Wunder bewirken sollen. Damit diese Wunder geschehen, müssen Gläubige im Inneren der Kirche durch einen schmalen Tunnel hindurch kriechen. Demjenigen, der durch den Tunnel kriecht, ohne die Wand zu berühren, werden seine Wünsche erfüllt. Wir sehen Besucher, die das tun, aber wir haben dazu keine Lust. Bei den vielen verschiedenen Klöstern und Kathedralen beginne ich langsam den Überblick zu verlieren.

Am Abend trinken wir in der sehr belebten Altstadt von Kutaissi in einer Weinstube draußen noch georgischen Wein und essen einen Gurken-Tomaten-Salat mit Walnüssen, wie er hier üblich ist. Wie immer ist die Portion so groß, dass wir zu zweit mühelos davon satt werden.

06.09., Freitag

KUTAISSI - OKAZE CANYON - MARTWILI CANYON - KUTAISSI

Am Morgen wache ich mit Kopfschmerzen auf. Der Grund dafür ist nicht, dass das letzte Glas Wein am Abend schlecht gewesen wäre, sondern dass der gesamte Alkohol-konsum durch das viele Probieren, das am Vortag schon am späten Morgen begonnen hatte, meine Toleranz überschritten hat. Das gute Frühstück auf der Sonnenterrasse im Hotel King David gibt mir neue Kraft. Anders als im Ski-Ort Gudauri ist es hier ruhig, und beim Buffet müssen nicht hundert hungrige Gäste gleichzeitig gefüttert werden. Weil es nicht mehr ganz früh ist, genießen wir sogar ohne weitere Gäste das immer noch üppige Frühstücksbuffet.

Den Vormittag verbringen wir zu zweit mit einem kleinen Rundgang durch die Stadt.

Wir besuchen dort den Basar, wo alles nur Denkbare verkauft wird: von neuer bis ge-brauchter Kleidung über Nüsse, getrocknete Kräuter, Fleisch, Käse und jede Menge frisch und gesund aussehendes Obst. Irakli erzählt uns später, dass in vielen Orten die Basare aus den Innenstädten verschwunden seien, weil Investoren das Bauland haben wollten. Nicht so in Kutaissi, jedenfalls bisher nicht. Für wenig Geld kaufen wir auf dem Basar ein paar Äpfel und Weintrauben. Mittags treffen wir Irakli, um mit dem Auto zum Okaze Can-yon zu fahren und dort zu wandern.

Auf dem Weg durch die schöne Landschaft Swanetiens werden wir Zeugen davon, wie ein Straßenhund von einem LKW-Fahrer vor uns, der nicht mehr schnell genug bremsen kann, erfasst und durch die Luft geschleudert wird. Der Hund scheint zu überleben, denn er läuft noch von der Straße zum Rand. Vermutlich steht er unter Schock. Wir hoffen, dass der Hund den Aufprall lebend überstanden hat, sehen ihn aber nicht mehr.

Der Okaze Canyon ist eine Schlucht von über 16 Kilometern Länge. Er liegt in der Nähe des Dorfes Gordi, rund 40 Kilometer von der Stadt Kutaissi entfernt. Unter der Schlucht fließt der Fluss mit dem gleichen Namen, der Okaze-Fluss, auf den man von gut 50 m Höhe durch das Gitter der freien Eisenstege, über die ein Weg von ungefähr 800 m führt, hinabblicken kann. Man zahlt Eintritt, und gegen verhältnismäßig hohe zusätzliche Bezahlung (30 Lari pro Person, das sind rund 10 Euro - verglichen mit den sonstigen Preisen hier, ist das recht viel) kann man sich sogar von einem der zahlreichen Taxifahrer nach oben fahren lassen. Lässt man sich von oben wieder nach unten bringen, kostet es erneut 30 Lari. Wir laufen lieber die zwei Kilometer durch den Wald zum gut gesicherten Eisensteg am Canyon, was aber zum Teil recht anstrengend ist, weil es holprige und steile Wege gibt. Die Wanderung durch das Gelände macht an diesem sonnigen Tag Spaß. Neben den Wanderern laufen oder stehen überall Kühe, Schweine und Hunde herum. Wir erfahren, dass der Canyon bei schlechtem Wetter oder starkem Nebel sogar geschlossen sein soll. Es wäre wohl zu gefährlich, hier im Nebel aus glitschigen Höhen abzurutschen. Wer Höhenangst hat, sollte auf diesen Ausflug verzichten. Außerdem sollte man sich etwas zu trinken mitnehmen, wenn man viel läuft und es außerdem warm ist.

Nachdem wir uns von dem anstrengenden Fußmarsch etwas erholt haben, fährt uns Irakli mit seinem Auto 40 Minuten zum nahe gelegenen Martwili Canyon, wo wir eine zwanzigminütige Bootsfahrt auf dem Fluss Abascha unternehmen. Irakli bleibt im Auto sitzen und wartet dort auf uns, denn er hat an der kurzen Bootstour schon einmal teilgenommen. Mit einem Paddelboot kommen wir recht nah an die Wasserfälle, und auch die mit Moosen bedeckten Felsen sind sehr beeindruckend. Hier am Martwili Canyon ist es viel touristischer als am Okaze Canyon, vermutlich deshalb, weil man nicht viel herumlaufen muss - und kann. Denn selbst wer wollte, könnte keine ausgedehnten Spazier-gänge unternehmen, weil mit Ausnahme der für die Besucher eingegrenzten Wege alles abgesperrt ist. Für die Touristen sind zahlreiche Verkaufsstände aufgebaut, an welchen Erfrischungen und die üblichen landestypischen Souvenirs erworben werden können. Am späten Nachmittag fährt Irakli uns zurück nach Kutaissi. Er ärgert sich auf dem Weg wieder über einige rücksichtslos fahrende Autofahrer und außerdem über die Tiere, denen er auf der Landstraße ausweichen muss. Traurig ist er immer noch über den Hund, den der LKW am Morgen durch die Luft geschleudert hat. Irakli ist ein großer Hundefreund, und er meint, er habe den ganzen Tag über an das arme Tier denken müssen und sich gefragt, ob es den Unfall wohl überlebt hat. Bald sollten wir an der Stelle sein, wo am Morgen das Unglück geschah. Aber dort sehen wir keinen verletzten oder toten Hund, und so hoffen wir, dass das Tier noch lebt und weitergelaufen ist. Irakli muss sich jetzt stark auf den Verkehr auf der Landstraße konzentrieren und den nach Hause kommenden Kühen entweder ausweichen oder sie durch lautes Hupen von der Straße verjagen. Es ist 17:00 Uhr, alle Kühe wollen gleichzeitig und pünktlich nach Hause, und die wenigsten lassen sich davon überzeugen, zügig die Straße zu überqueren. Irakli hupt, aber die Kühe bleiben unbeeindruckt stehen. Plötzlich: Ein Schlag - und der Seitenspiegel vorn rechts am Auto ist weg. Eine Kuh hat ihn mit ihrem Schwanz abgeschlagen. Es ist nicht mehr weit bis Kutaissi, und für Irakli ist der ganze Vorfall umso unerfreulicher, weil es sein Privatauto ist und außerdem für ihn heute fast Feierabend gewesen wäre. Edward und Irakli steigen aus und nehmen den Spiegel ins Auto. Die Kuh läuft ungerührt und ohne sich noch einmal umzudrehen davon. In gedrückter Stimmung und schweigend fahren wir weiter. In Kutaissi angekommen, stellt Irakli fest, dass es tatsächlich die letzte Kuh vor Kutaissi war, die sein Auto beschädigt hat. Danach haben wir an diesem Tag keine weiteren gesehen.

Heute Abend ist wieder ein Rugby-Spiel. Ich hoffe sehr, dass die Georgier das Spiel gewinnen werden und Irakli sich darüber freuen kann, wenn er das Spiel am Abend bei seinen Eltern im Fernsehen sieht.

An der Weißen Brücke, die über den Rioni führt - das ist mit 327 Kilometern der drittlängste Fluss Georgiens -, essen Edward und ich zu Abend. Wir sitzen draußen in einem Restaurant mit Live-Musik. Ein Saxophonist spielt ein paar „Evergreens". Wie immer in Georgien essen wir gut und reichlich und für deutsche Touristen sehr preisgünstig. Zum Essen trinken wir nur Bier, weil wir am Vortag zu viel Wein getrunken haben. Auf der Getränkekarte sieht Edward nach dem Essen dann ein Angebot, das so verlockend ist, dass er es bestellen muss: Es gibt den Cocktail mit dem Namen „James Bond". Das Getränk besteht aus Martini und Wodka, geschüttelt, nicht gerührt, wenn es richtig ist. Ich trinke an diesem Abend nur noch eine Flasche Weintraubenlimonade mit Kohlensäure.

Uns gefällt die Stadt Kutaissi. Es ist bisher nicht alles so modern und chic wie in Tbilissi, aber es sind sehr viele junge Leute da, und es fühlt sich an, als befinde man sich in einer angenehmen Atmosphäre von Aufbruchstimmung. Es gibt zahlreiche Kneipen und Restaurants, und es sieht aus, als ob noch mehr davon gerade entstehen. Schon jetzt findet man schöne Geschäfte und gewinnt den Eindruck, dass das längst nicht alles ist und als ob sich gerade weitere davon entwickeln. Das hilft natürlich niemandem, der früher in der Autoindustrie gearbeitet hat und jetzt wegen einer kleinen Rente nahezu kein Auskommen hat. Ich bin aber nur als Touristin hier und würde anderen Touristen einen Besuch der Stadt Kutaissi sehr empfehlen.

07.09., Samstag

KUTAISSI - KATSKHI - TSCHIATURA - BORD-SCHOMI

Morgens holt Irakli uns bei strömendem Regen mit seinem Auto vom Hotel ab. Von der Hitze des Vortags ist nichts mehr zu spüren, es ist bloß regnerisch kalt.

Zu unserer Freude stellen wir fest, dass Irakli es geschafft hat, den am Vorabend von der Kuh abgeschlagenen Seitenspiegel ersetzen zu lassen, während wir zur gleichen Zeit einen angenehmen Abend im Restaurant verbrachten. Im Rugby haben die Georgier das Spiel leider wieder verloren, obwohl es Iraklis Ansicht nach am Anfang sehr gut für Georgien ausgesehen habe. Wir fahren zur Katskhi-Säule. Dies, so haben wir erfahren, sei ein Felsmonolith in den Wäldern, auf welchem ganz oben in einem Kloster aus dem 10. Jahrhundert ein Einsiedlermönch lebe, der wöchentlich herabsteige, um vor den Gläubigen zu predigen. Wir steigen den wegen des Regens jetzt rutschigen und schlammigen Weg von rund 600 m zum Fuß des Monolithen hinauf. Hier befindet sich ein

98

Souvenirladen. Irakli fragt für uns nach dem Einsiedlermönch, der oben auf dem Felsmonolithen wohnen soll. Im Souvenirladen erhalten wir die Auskunft, dass niemand mehr dort oben dauerhaft lebe. Allein zum Beten stiegen die Mönche von Zeit zu Zeit hinauf. Wie überall, so treffen wir am Fuß des Monolithen neben Touristen auch einige Kühe, die bis hier oben hin gelaufen sind. Außerdem finden umfangreiche Bauarbeiten statt. Weil es auf einmal aufhört zu regnen, kann Edward die Drohne fliegen lassen.

Auf dem Weg nach Bordschomi liegt die alte Bergwerkstadt Tschiatura, die wir besuchen wollen. Wir haben vor der Reise gelesen, dass die einzigen öffentlichen Verkehrsmittel dort Seilbahnen aus Sowjetzeiten seien, die von den Einheimischen auch als „Stalins Särge" bezeichnet würden. Irakli erklärt uns, dass die Stadt erbärmlich sei. Die Arbeit, die es dort gebe, sei das ebenfalls, und erbärmlich sei außerdem die Bezahlung der Bergarbeiter. Inzwischen sei die Stadt nahezu tot, hier wolle niemand bleiben, und es lebe inzwischen sowieso fast keiner mehr dort. Irakli ist erstaunt, dass wir Tschiatura trotzdem sehen wollen. Er hat uns inzwischen in Georgien so viele schöne Orte gezeigt. Selbst wenn die Stadt angeblich hässlich ist, würden wir sie dennoch gern besuchen und uns unser eigenes Bild von ihr machen. Außerdem möchten wir die so genannten „Särge" Stalins sehen und vielleicht sogar mit einem fahren. Irakli kann unseren Wunsch nicht verstehen, hält aber kurz in Tschiatura an und fragt ein paar Einheimische nach der Seilbahn, während wir im Auto sitzen. Eine davon werde gerade repariert, zwei seien ganz eingestellt worden. Folglich könne man heute nicht mit der Seilbahn fahren. Nun sind wir aber schon in Tschiatura, und wir so bitten Irakli darum, in der Stadt einen Halt zu machen, um dort irgendwo einen Tee zu trinken. Aus dem Auto heraus sehen wir, dass es in Tschiatura auch öffentliche Busse gibt; die sich nicht in Betrieb befindenden „Särge" Stalins sind keineswegs das einzige öffentliche Verkehrsmittel. Ehe wir es uns versehen, haben wir mit dem Auto das Stadtzentrum verlassen und befinden uns wieder außerhalb der Stadt Tschiatura, auf dem Weg nach Bordschomi. Wir sind beide völlig perplex und haben plötzlich den Verdacht, dass Irakli unsere Bitte mit Absicht ignoriert haben könnte, weil er uns nur die schönen Orte in Georgien zeigen möchte. Herrliche Landschaft ist sein Georgien, und eine heruntergekommene, halb verlassene Bergarbeiterstadt taugt nicht dazu, die Schönheit Georgiens zu zeigen. So haben wir Tschiatura nur auf der Durchfahrt gesehen. Als wir merken, dass wir aus der Stadt heraus sind, ist es schon zu spät. Wir halten an einem Restaurant außerhalb von Tschiatura und trinken einen Tee, während Irakli in seinem Auto draußen auf uns wartet. Auf den verpassten Stopp in Tschiatura angesprochen, erklärt er uns, das sei wohl ein Missverständnis gewesen. Vor dem Restaurant hinter der Stadt Tschiatura machen wir Fotos von einem der stillgelegten „Särge" Stalins. Auf dem weiteren Weg nach Bordschomi sehen wir links und rechts der Straße überall stillgelegte und heruntergekommene Industrieanlagen aus Sowjetzeiten. Das ist nicht das schöne Georgien.

Wenig schön ist oft auch der sehr schlechte Zustand der Straßen, den Irakli immer wieder beklagen muss. Damit hat er vollkommen Recht, denn die meisten Straßen sind nicht gut ausgebaut, was das Fahren mühsam und teilweise gefährlich macht. Auf dem Weg nach Bordschomi sind einige Streckenabschnitte neu gebaut, was uns zunächst erfreut. Schnell aber hat der neue, frisch geteerte Streckenabschnitt ein Ende, und Irakli fragt sich, wie seine Regierung mehr Touristen ins Land holen will, ohne die Infrastruktur dafür zu verbessern.

An den Rändern links und rechts der Landstraßen werden zahlreiche unterschiedliche Waren angeboten - sei dies Obst der Saison (im Moment sind das Melonen in großen Mengen), Honig, Tschurtschela (das wird überall angeboten: es handelt sich dabei um Walnüsse oder Haselnüsse, die auf eine Schnur gezogen und anschließend mit angedicktem Traubensaft überzogen werden) oder auch Brot. Es gibt an den Straßenrändern aber nicht nur Nahrungsmittel, sondern auch andere Waren, wie zum Beispiel geflochtene Körbe, Töpferwaren oder handgemachte Holzstühle. Was ich erstaunlich finde, ist, dass es kilometerweit manchmal nur Töpferwaren - und nichts anderes - oder geflochtene Körbe und Hängematten - und nichts anderes - zu erwerben gibt. Wer soll das alles kaufen? Aber der Bedarf ist sicher vorhanden, sonst gäbe es wohl die Stände nicht. Es ist außerdem noch Samstag und sowieso schon Stau. Nur sechs Kilometer vor Bordschomi wird unsere Weiterfahrt durch einen LKW-Unfall verhindert. Alles steht still. Der nächste endlos wirkende Stau wird durch Bauarbeiten verursacht. Der Weg geht nur auf einer Straßenseite weiter, was die Autofahrer aggressiv macht. Auch in Georgien ist das Telefonieren während der Autofahrt verboten, aber wer sich daran nicht hält, scheint nicht bestraft zu werden. Viele von denen, die beim Stop-and-go bis nach Bordschomi nicht aus dem Fenster hängen und schimpfen, haben jetzt ihr Telefon am Ohr.

Irgendwann kommen wir doch noch in unserem Hotel in Bordschomi an. Wir wundern uns darüber, dass viele Touristen das Hotel fotografieren. Es ist architektonisch interessant und sicher sieht das Gebäude sehr gut aus, aber das ganz Besondere an dem Hotel, das heute Golden Tulip heißt, ist, dass früher die Zarenfamilie dort eingekehrt ist. Ursprünglich war dieses Hotel die Sommerresidenz des iranischen Konsuls in Georgien, der sich das Haus gegen Ende des neunzehnten Jahrhunderts bauen ließ. Zu der Zeit, in welcher sich die Zarenfamilie dort erholte, hieß es „Sanatorium Firuza". In Bordschomi wollen wir zwei Nächte bleiben.

Der Ort Bordschomi ist wegen seines Mineralwassers und deshalb auch als Kurort bekannt. Dem von Bordschomi vertriebenen Mineralwasser wurde schon immer eine heilende Wirkung zugesprochen, und es trägt einfach den Markennamen „Borjomi" (das ist die ins Englische transkribierte Schreibweise von dem georgischen Namen der Stadt). Die erste Mineralwasserabfüllfabrik in Bordschomi gründete 1906 der Großfürst Nikolai Michailowitsch Romanow, ein russischer General der zaristischen Armee. Die Mineralwasserabfüllfabrik ist in der Stadt auch heute noch der wichtigste Wirtschaftsbetrieb. Das Mineralwasser aus Bordschomi wird in Georgien gern getrunken, außerdem wird viel davon nach Russland, einiges auch nach Westeuropa exportiert. Das Wasser schmeckt etwas salzig und wird damit wohl nicht jeden Geschmack treffen. In Georgien ist es in fast allen Geschäften zu kaufen, und auch in Restaurants wird es überall angeboten. Es kostet mehr als die anderen Mineralwässer, vermutlich weil ihm eine heilende Wirkung zugesprochen wird.

Direkt vor unserem Hotel in Bordschomi liegt der Kurpark. Der historische Teil stammt noch aus dem Jahr 1850, und seine letzte Renovierung hat der Park 2006 erhalten. Für 2 Lari Eintritt - das ist weniger als 1 Euro - können wir den Park betreten, in dem sich die Heil- und Mineralwasserquelle befindet. Es ist ein Samstagnachmittag, und der Kurpark ist sehr gut besucht. Menschen aus aller Welt sind da, es sieht aber auch aus, als ob viele Einheimische sich hier aufhalten, und natürlich gibt es jede Menge Hunde. Einige davon sind angeleint, weil sie von ihren Besitzern ausgeführt werden, aber - wie überall - sind viele wilde Hunde hier, die niemandem gehören. Einige der Straßenhunde machen sich den Spaß, ein paar von den domestizierten angeleinten Artgenossen zu provozieren, und diese können nur ein bisschen kläffen, dürfen sich aber auf keinen Kampf einlassen, weil sie von ihren Besitzern zurückgehalten werden. Der Park hat sicher bessere Zeiten gesehen. Seit seiner gründlichen Erneuerung im Jahr 2006 hat sich allem Anschein nach nicht mehr viel getan. Einige Stellen eignen sich gut als Fotomotiv für Hochzeitspaare, die davon intensiv Gebrauch machen. Vor allem aber gibt es viel Unterhaltung für Kinder. Diese können sich mit der Micky Maus fotografieren lassen, Karussell fahren oder mit Kindergewehren versuchen, so gut zu schießen, dass sie ein Stofftier gewinnen. Ich versuche mein Glück an einer Bude, bei welcher der Pfeilwurf auf Luftballons angeboten wird. Zum stolzen Preis von 5 Lari kaufe ich 6 Wurf. Bei 5 Treffern kann ich mir ein Stofftier aussuchen. Edward ist froh, dass ich das Ziel knapp verfehle und wir kein buntes Stofftier mitnehmen müssen: Ich schaffe es nur, 4 Luftballons zerplatzen zu lassen - und gewinne folglich nichts. Ich denke, dass meine 5 Lari vielleicht 10 Prozent der Tageseinnahmen des Schaustellers ausmachen, weil ich weder auf dem Hin- noch auf dem Rückweg jemanden sehe, der durch Pfeilwurf ein Stofftier zu gewinnen versucht. Es gibt im Park viele Karussells, von denen sehr viele still stehen. Für einen halben Lari kauft Edward bei einer Park-Angestellten einen Plastikbecher, um sich von der berühmten Bordschomi-Heilquelle hier direkt ein Heilwasser einzufüllen. Es schmeckt uns warm, versalzen und faulig. Ich müsste sehr große Magenschmerzen haben, um das Heilwasser noch einmal freiwillig frisch aus der Quelle zu trinken. Das abgefüllte Bordschomi-Wasser, das ich schon einmal in einem Restaurant getrunken habe, hat mir besser geschmeckt. Es hatte nur einen leicht salzigen Geschmack. Als wir den Park verlassen, sehen wir erneut das glückliche Hochzeitspaar, das sich im gerade noch auf der Brücke fotografieren ließ. Gefolgt von seinen Gästen bewegt es sich auf eine Stretch-Limousine zu.

Nach dem Parkbesuch laufen wir zu einem alten Bahnhof, der auch Bordschomi-Park heißt. Wir sind nicht sicher, ob hier noch Züge fahren. In der schönen alten Bahnhofsgaststätte trinken wir Bier und essen landestypische Spezialitäten. Damit Gäste genau wissen, was sie bestellen, gibt es ein Fotoalbum, in welchem sie aus den fotografierten Speisen auswählen können. So ist es kein Problem, dass wir uns sprachlich mit der Bedienung nicht verständigen können. Auf dem Rückweg zum Hotel kaufe ich mir an einer der zahlreichen Buden, die in dem Kurort auch spät abends noch geöffnet sind, ein paar warme Socken mit Wolfsmotiv. In den Bergen habe ich schon ein paar Wintersocken mit einem Rehmotiv erworben. Das sind landestypische Motive, die hier überall verwendet werden.

In dem Hotel, in welchem schon die Romanows weilten, schlafen wir unruhig. Die Gäste, die gegenwärtig kommen, haben sicher viel Geld, denn die für uns durch die Agentur gebuchten Übernachtungen sind teuer, wie wir aus den Unterlagen im Hotel erkennen können. Ein paar Gäste nehmen wenig Rücksicht und hören nachts vor unserer Zimmertür so laut Musik, dass Edward sie um Ruhe bitten muss.

08.09., Sonntag

BORDSCHOMI - WARDSIA - ACHALZICHE - BORDSCHOMI

107

Heute fahren wir durch das Kura-Flusstal entlang verschiedener Burgruinen nach Wardsia. Teilweise sind wir nur 20 Kilometer von der türkischen Grenze entfernt. Wir besuchen die Höhlenstadt Wardsia, die ursprünglich von König Giorgi III im 12. Jahrhundert als Festung gegen die Türken und Perser angelegt wurde. Giorgis Tochter, die Königin Tamara, vervollständigte das Werk in ihrer Regierungszeit. So wurde eine ganze Stadt in Tuffstein in eine vom Tal aus 500 m hohe Felswand gehauen. In dem Höhlenkomplex Wardsia soll es 3.000 Wohnungen gegeben haben. Neben den Wohnungen besichtigen wir auch das Kloster dort, das die Königin Tamara errichtet hat. Irakli spricht mit großer Hochachtung von dieser Königin. Die Menschen hätten sie „König Tamara" statt „Königin Tamara" genannt, obwohl sie eine Frau gewesen sei. Ein größeres Kompliment kann es wohl kaum geben? Tatsächlich werden wir die Geschichte mit „König" statt „Königin" Tamara am heutigen Tag noch einmal bei unserer Besichtigung der Festung Rabati unabhängig von Irakli von einer anderen Fremdenführerin hören.

Aber erst einmal kehren wir nach dem Besuch der Höhlenstadt bei „Valodia's Cottage" zum Mittagessen ein. Valodia hat seine

Gaststätte ganz in der Nähe der Höhlenstadt, und viele Wardsia-Besucher werden nach der anstrengenden Wanderung mit dem Bus zum Essen hierhergebracht. Der Garten um „Valodia's Cottage" ist schön angelegt, alles blüht gerade farbenprächtig, und wir können draußen sitzen. Das Essen ist - wie immer - reichlich, aber nicht so gut, wie wir es sonst bisher in Georgien genossen haben. Es geht weiter zu einem Aussichtspunkt, wo Edward drei Minuten lang die Drohne über dem Gebirge fliegen lässt, bis plötzlich ein starker Regen einsetzt. Schnell muss die Drohne zurückkehren, und wir fahren nach Achalziche, wo wir die restaurierte Festungsanlage Rabati sehen wollen. Die rund einstündige Führung soll auf Deutsch sein, so dass Irakli sich im Auto etwas erholen oder eine Zigarette rauchen kann. Das Rauchen ist in Georgien seit 2018 in allen Restaurants verboten, und obwohl Irakli Raucher ist, befürwortet er diese Regelung, weil er selbst den Geruch von Zigaretten beim Essen nicht mag. In seinem Auto raucht er nie. Unsere Fremdenführerin in der Festungsanlage erklärt uns in gutem Deutsch, dass die Stadt Achalziche, die heute weniger als 20.000 Einwohner habe, stets ein Beispiel für Religionsvielfalt gewesen sei. Davon zeugten die zahlreichen verschiedenen Gotteshäuser: christliche Kirchen, aber ebenfalls Moscheen und Synagogen. Was die Stadt Achalziche betreffe, so sagt unser Guide in Rabati, lebe mittlerweile nur noch eine jüdische Familie hier. Alle anderen seien in den 90er Jahren des letzten Jahrhunderts nach Israel gegangen. Die Festung Rabati hat eine lange Geschichte, und immer wieder kommt unsere Fremdenführerin darauf zurück, wie die christlichen Georgier sich gegen die Muslime verteidigt haben. Der Stil der gesamten Anlage Rabati ist grundsätzlich eher muslimisch, wurde aber durch die vielen Jahrhunderte verändert, so dass sich die verschiedenen Baustile vermischten, je nachdem, welche religiöse Richtung gerade bestimmen durfte. Ein Gebäude ist der Hagia Sophia in Istanbul nachempfunden. Vor Jahrhunderten war Achalziche ein Ort für Menschenhandel: Georgier und Georgierinnen wurden hier gefangen und in Istanbul auf dem Markt als Sklaven verkauft. Unser Guide zeigt uns den Kerker, in welchem die Gefangenen vor dem Verkauf eingesperrt waren.

Die Festung Rabati wurde unter dem damaligen Staatspräsidenten Saakaschwili im Jahr 2011 innerhalb kürzester Zeit restauriert. Wegen der großen Eile wurde darauf verzichtet, archäologische Ausgrabungen zu unternehmen, die naturgemäß zeitaufwendig gewesen wären. Unsere Fremdenführerin vermutet, dass die Eile bei der Restaurierung - welche gerade einmal ein Jahr gedauert habe - damit zu tun gehabt habe, dass Saakaschwili die Wahlen im Jahr 2012 habe gewinnen wollen. Aus diesem Grund habe das Prestigeprojekt rechtzeitig fertig werden müssen. Diese Anstrengung Saakaschwilis habe ihm nichts genützt: Unser Guide meint, die Wahl sei verloren gewesen, noch bevor sie überhaupt begonnen habe. Jetzt lebt der geflüchtete Saakaschwili im Exil. In Georgien ist er 2018 in Abwesenheit wegen Machtmissbrauchs und der Anordnung von Gewaltstraftaten zu mehrjährigen Haftstrafen verurteilt worden. Saakaschwili selbst betrachtet diese Urteile als politisch motiviert.

Nach der Besichtigung von Rabati regnet es wieder stärker. Irakli erwartet uns in seinem Auto vor der Festung, und wir machen uns auf den Rückweg nach Bordschomi. Am Abend ist Edward so stark erkältet, dass wir im Hotelzimmer sitzen und fernsehen. Neben BBC erhalten wir hier im Hotel nur russisches Fernsehen. Edward vermutet, dass der Husten die Nachwirkung von der großen Höhe von rund 3.000 m ist, in der wir uns vor ein paar Tagen befanden und die ihm nicht gut bekommen ist. Ich gehe noch einmal hinaus auf die Hauptstraße, um für mich ein Natachtari-Bier und ein paar gefüllte Kartoffeltaschen zu kaufen. Natachtari-Bier ist ein helles Bier, das hier überall verkauft wird, sogar in Dosen. Ich trinke es recht gern, weil es keinen herben, sondern einen vollen runden Geschmack hat. Die Natakhtari-Brauerei (das ist die englische Transkription von Natachtari, unter welcher sich der Name der Brauerei und des Biers leichter finden lässt) produziert Bier und Limonade, und die Brauerei gehört zum Efes-Konzern. Das Dorf Natachtari mit seinen circa 1.000 Einwohnern befindet sich an der Georgischen Heerstraße, 8 Kilometer nördlich der Stadt Mzcheta und damit auch noch im Nahbereich von Tbilissi. Es ist als Industriestandort nicht nur wegen der Natakhtari-Brauerei, sondern auch wegen seiner Schokoladenfabrik Barambo bekannt.

09.09., Montag

BORDSCHOMI - UPLISZICHE - GORI - TBILISSI

Von Bordschomi aus fahren wir zur antiken Höhlenstadt Uplisziche, die sich stark von der Höhlenstadt Wardsia unterscheidet: Uplisziche ist viel kleiner und flacher als

Wardsia. Uplisziche wurde schon im ersten Jahrtausend vor Christus gegründet. Irakli erklärt, dass hier ursprünglich die heidnischen Priester lebten, und zeigt uns eine große Steinanlage, wo die Opfer dargeboten wurden, der Wein gelagert und gebetet wurde. Ganz oben gibt es eine orthodoxe Kirche, die wir besichtigen können. Die Blütezeit der Stadt soll im Mittelalter gewesen sein. Da Uplisziche an der Seidenstraße lag, konnten die zu der Zeit mehreren Tausend Bewohner zum größten Teil vom Handel leben. Beim Auf- und Absteigen finde ich Uplisziche weniger anstrengend als am Vortag die Höhlenstadt Wardsia.

Von Uplisziche sind es nur etwas mehr als 10 Kilometer bis nach Gori. Das ist der Geburtsort von Josef Stalin, dem Herrscher über die Sowjetunion von 1927 bis zu seinem Tod im Jahr 1953. Ohne Zweifel ist Stalin der berühmteste Georgier aller Zeiten. Kurz vor unserer Abreise las ich in einem Artikel im Wirtschaftsmagazin „Economist", dass Stalin, dessen Muttersprache Georgisch war, Russisch sein ganzes Leben mit einem deutlichen georgischen Akzent sprach. Dass der Diktator kein akzentfreies Russisch sprach, hatte ich zuvor nicht gewusst. Als Detail fand ich es interessant, aber es scheint seine Autorität als Herrscher über die Sowjetunion nicht beeinträchtigt zu haben.

Wir wollen in Gori das Stalin-Geburtshaus und das Stalin-Museum besichtigen. Mit rund 50.000 Einwohnern ist Gori eine der größeren Städte in Georgien. In der Geburtsstadt Stalins sehen wir zu unserer Überraschung eine Straße, die seinen Namen trägt - und wundern uns etwas darüber, dass der Diktator bis heute damit geehrt wird. Bevor wir das Museum besuchen, essen wir eine Kleinigkeit in einem Restaurant. Auf dem Weg zum Museum zeigt Irakli uns die Häuser links und rechts der Straße, die überwiegend recht alt sind. Irakli erklärt uns, dass hier in seiner Jugend Stalin entlang spaziert sei. Insgesamt wirkt die Stadt auf mich eher trostlos. 1957, nur vier Jahre nach dem Tod Stalins, wurde in Erinnerung an ihn in Gori das Museum eröffnet. Dass dieses Museum 1957 Stalin glorifizierte, wäre kaum anders zu erwarten gewesen. Es erstaunt mich, dass wir die Ausstellung 2019 so vorfinden, als sei Stalin ohne Einschränkung ein sehr ehrenwerter und für sein Volk guter Politiker gewesen. Dass das Museum heute noch eine starke Stalin-Verehrung dokumentiert, hat mich vollkommen überrascht.

Das Museum ist in drei Abschnitte unterteilt: Zuerst gibt es das Geburtshaus Stalins zu sehen. Zunächst erblickt man einen riesigen Pavillon. Aber das ist nicht das Geburtshaus, sondern bloß die für das Geburtshaus gebaute prächtige Hülle. Diese umschließt wie eine Art Tempel die kleine Hütte, in welcher Stalin 1878 geboren wurde.

Das Hauptgebäude, welches wie ein stalinistischer Palast wirkt, ist das eigentliche Museum. Hier zahlen wir happige 15 Lari Eintritt, was rund 5 EUR sind - und damit viel mehr kostet als Museen hier üblicherweise als Eintritt verlangen. Auf dem Weg nach oben sind die Treppen mit rotem Teppich ausgelegt. Dann geht es erst einmal vorbei an der überlebensgroßen Marmor-Skulptur Stalins, bevor es in sechs Sälen die Ausstellungsstücke anzuschauen gibt, die in chronologischer Reihenfolge geordnet sind. Der Lebensweg Stalins wird sowohl auf Georgisch als auch auf Russisch und Englisch auf bebilderten Tafeln beschrieben. Die Ausstellung ist nicht modern, und für mich sieht es aus, als habe es seit den späten achtziger Jahren des letzten Jahrhunderts kaum Ergänzungen und Veränderungen gegeben. Dann werden Artefakte gezeigt. Was mich besonders erschreckt, ist der allgegenwärtige Personenkult: Als guter Mann darf Stalin in der Erinnerung weiterleben. So wird Väterchen Stalin zum Beispiel als Kinderfreund auf Ölbildern ausgestellt. Es gibt weitere Gemälde, die ihn als Industrieförderer, als großen Feldherrn oder als liebenden Sohn zusammen mit seiner Mutter darstellen. All diese Gemälde zeigen den guten Stalin, den sein Volk lieben und ehren sollte - und dem Anschein nach heute noch soll. Fotos mit Stalin als Motiv gibt es ebenfalls in großen Mengen zu sehen. Bloß Fotos von Stalin mit Hitler zusammen sucht man vergeblich, und auf den Hitler-Stalin-Pakt wird in der Dokumentation über das Regieren Stalins mit keinem Wort eingegangen.

In einem der Räume sind in Glasvitrinen die zahlreichen Geschenke ausgestellt, die Stalin von verschiedenen Anhängern aus aller Welt bekommen hat: zum Beispiel eine Vase aus Deutschland, ein Keramik-Zierbrot aus Polen oder Porzellanpferde aus China. Am Ende der Ausstellung ist in einer Art stilisiertem Mausoleum ein Bronzekopf von Stalin ehrenvoll gebettet. Der Held lebt in den Herzen weiter.

Im Garten schließlich steht der grüne Pullman-Eisenbahnwaggon, in welchem Stalin 1945 zur Jalta-Konferenz gereist ist, um dort

Roosevelt und Churchill zu treffen. Erst 1985 wurde der von Stalin ab 1941 genutzte Waggon dem Museum übergeben.

In dem Museum selbst ist ein kleiner Andenkenladen, in welchem man Stalin auf Kaffeetassen gedruckt kaufen kann - und andere Andenken, auf denen sein Bild zu sehen ist. Draußen, in der Nähe von Stalins Pullman-Eisenbahnwaggon, hält sich ein arm aussehender alter Mann mit einem Bauchladen auf, der etwas verkaufen möchte. Aber wir möchten kein Streichholzheftchen mit Stalins Gesicht besitzen und auch sonst kein Andenken haben, mit dem ehemalige sowjetische Diktator geehrt wird.

Irakli hat uns zu dem Besuch in dem Museum nicht begleitet, weil er es nicht interessant findet, die Geschenke, die Stalin aus anderen Ländern bekommen hat, zu betrachten - und über die sowjetische Geschichte wisse er sowieso alles und benötige keinen Museumsbesuch. So erwartet Irakli uns bei seinem Auto, vor dem er steht und raucht. Als wir aus dem Museum kommen, möchte er natürlich unsere Meinung dazu hören, denn er ist ein guter Tour Guide, und deshalb sind die Meinungen seiner Touristen für ihn wichtig. Zum einen sind sie wichtig, weil Irakli möchte, dass das Programm seinen Touristen gefällt, zum anderen sucht er immer nach weiteren Anregungen für seine Touren. Edward sagt, das Museum sein „interessant" gewesen, und ich füge hinzu, dass ich sicher bin, dass ein solches Museum wie hier dieses für Stalin in der Art für Hitler in Deutschland nicht denkbar wäre. Und in Braunau in Österreich, also dem Geburtsort Hitlers, auch nicht. Eine solche Bemerkung will Irakli so nicht stehen lassen. Er meint, Hitler sei ein Verbrecher und Massenmörder gewesen. Ich gebe zu bedenken, dass auch Stalin viele Menschen getötet habe. Irakli räumt ein, dass natürlich das Töten von Menschen immer schlecht sei, aber ohne Stalin hätte die Sowjetunion den Krieg nicht gewonnen. Stalin sei stark gewesen. Gegen Hitler habe nur ein starker Mann wie Stalin gewinnen können. Und so sei es ein Glück gewesen, diesen starken Mann gehabt zu haben. Jetzt werfe ich ein, dass Stalin aber auch sehr viele seiner eigenen Leute habe umbringen lassen. Das sei wahr, stimmt mir Irakli zu. Aber diese seien überwiegend Menschen gewesen, die sich Stalins Strategie in den Weg gestellt und damit die Niederlage im Krieg riskiert oder sogar gewollt hätten. Das seien schwache Menschen, teilweise sogar richtige Staatsfeinde gewesen, die auf Hitlers Seite standen. Die-

118

se Leute hätten es geschafft, das ganze Wohl der Sowjetunion zu sabotieren, wenn nicht Stalin gewesen wäre. Das Töten eines Menschen sei immer schlecht, aber in diesen Zeiten habe Stalin oft keine andere Wahl gehabt, und so sei der Krieg zum Glück am Ende gewonnen worden. Wir sind jetzt müde, und Irakli bringt uns zum Bahnhof in Gori, denn wir möchten zum Spaß den öffentlichen Nahverkehr nutzen und wollen mit dem Zug von Gori bis Tbilissi fahren. Am Bahnhof macht Edward eine Entdeckung: Es gibt dort einen großen Wartesaal, in dem eine heldenhaft aussehende, riesige Stalin-Statue steht. Das ist aber kein Kommerz, sondern wiederum echte Ehrerweisung. Man kann ganz normal in diesem Wartesaal auf seinen Zug warten - zusammen mit der Stalin-Statue. Nicht alle sollen dort warten dürfen, denn auf Georgisch und auf Englisch hängt dort ein Hinweis. Der englische Hinweis heißt: „For Strangers Entry Is Prohibited!" Wir warten auf dem Bahnsteig, und Irakli fährt mit unserem Gepäck zurück nach Tbilissi, wo er uns am Bahnhof abholen wird.

Mein Eindruck von Gori ist, dass Stalin in seiner Heimatstadt eher als großer Sohn geehrt denn als Diktator geächtet wird. Nach allem, was wir dort gesehen haben, wäre es schwer, einen anderen Eindruck zu begründen.

Im voll besetzten Nahverkehrszug - in welchem es jedoch keine Stehplätze gibt und für den eine Reservierung erforderlich ist - können Edward und ich nicht nebeneinander sitzen. Obwohl für uns recht lange im Voraus reserviert wurde, haben wir zwar Plätze im gleichen Waggon, aber diese sind ein wenig voneinander entfernt. Obwohl dies nur ein Regionalzug ist und wir von Gori bis Tbilissi bloß knapp eine Stunde fahren, ist das Ticket auf den Namen des Reisenden ausgestellt. Wir müssen es vor dem Einstieg zusammen mit unseren Pässen vorzeigen. Uns fällt auf, dass die anderen Fahrgäste mit viel Gepäck reisen. Teilweise sind Händlerinnen dabei, die große Taschen voll mit Waren dabei haben, zum Beispiel Süßigkeiten oder Kurzwaren. Ich frage mich, wie groß der Gewinn sein kann, wenn man die verpackten, industriell hergestellten Lebensmittel oder die Kurzwaren in Gori einkauft und dann wieder in Tbilissi verkauft. Aber wenn es sich nicht ein wenig lohnen würde, würde wohl niemand mit den Waren nach Tbilissi reisen.

Wie verabredet, holt uns Irakli mit dem Auto am Bahnhof in Tbilissi ab. Wir wollen nicht sofort ins Hotel, sondern - bevor es dunkel wird - noch mit der Standseilbahn zum Mtazminda-Berg hochfahren. Mtazminda heißt Heiliger Berg. Der Heilige Berg liegt an seinem höchsten Punkt 727 m über dem Meeresspiegel und ist von ganz Tbilissi aus sichtbar. Mit der Funicular-Standseilbahn, die 501 m lang ist, fahren wir hoch zum Berg Mtazminda. Die Seilbahn wurde bereits 1905 eröffnet, war aber nach einem Unglück im Jahr 2000 zeitweilig außer Betrieb. Vollkommen erneuert, wurde die Bahn im Jahr 2007 wiedereröffnet. Sie verbindet die Stadt mit dem Mtazminda-Park beinahe 270 m über Tbilissi. Der Park oben bietet ein Restaurant, viel kirmesähnliche Unterhaltung für Kinder und Schießbuden für Erwachsene. Wir genießen die schöne Aussicht, und Irakli bringt uns in unser Hotel, nachdem wir den Sonnenuntergang gesehen haben. Am Abend essen wir in der Innenstadt von Tbilissi in einem der zahlreichen guten Restaurants und trinken lokal gebrautes Craft Beer. Die Nacht verbringen wir in dem kleinen Boutique-Hotel, in welchem wir schon die ersten zwei Nächte in Tbilissi am Anfang unserer Reise geschlafen haben. Das Hotel ist sehr angenehm, aber die Nacht wird unerträglich: Irgendwo in der Nähe findet in der lauen Sommernacht draußen auf einem Balkon eine laute Party statt. Es ist 4:45 Uhr, als ich zum letzten Mal auf die Uhr schaue - und die Party hat immer noch kein Ende gefunden. Weil es mitten in der Woche die Nacht von einem Montag auf einen Dienstag ist, erscheint mir das lange Feiern recht ungewöhnlich.

10.09., Dienstag

TBILISSI - BATUMI

Nach einer für uns schlaflosen Nacht kommt Irakli um 7:00 Uhr mit seinem Auto, um uns zum Bahnhof zu fahren. Weil es im Hotel erst ab 7:00 Uhr Frühstück gibt, hat uns die freundliche Hotel-Besitzerin zwei Lunch-Pakete und zwei Kaffee zum Mitnehmen vorbereitet. Irakli bringt uns bis zum Bahnsteig, wo wir uns von ihm verabschieden. Die letzten Tage unserer Georgien-Reise werden wir ohne ihn verbringen. Der moderne Stadler-Zug, ein Fernzug nach Batumi, steht schon da. Um 8:00 Uhr soll es losgehen, und dieses Mal werden wir komfortabel in der 1. Klasse reisen. Wieder müssen wir zusammen mit dem Zug-Ticket den Pass vorzeigen. Security Police - das steht auf Englisch auf der Uniform - läuft durch den Zug. Das würde ich mir für deutsche Züge wünschen, wo es sicher viel notwendiger wäre als hier.

In Georgien hat Irakli uns oft bewiesen, dass er das Auto mit Wertsachen darin unverschlossen stehen lassen kann - und niemand etwas stiehlt. Das sei so, weil die meisten Georgier gute und ehrliche Leute seien, wurde er nicht müde zu betonen. In Tbilissi am Bahnhof sind viele Kameras, aber in den kleinen Städten natürlich nicht. Ich würde mein Auto trotzdem nirgendwo unverschlossen stehen lassen. Aber tatsächlich habe ich mich in allen Städten Georgiens weniger vor Diebstahl gefürchtet als in Deutschland in irgendeiner größeren Stadt.

Angenehm ist es, auf den großzügig ausgelegten Plätzen in der 1. Klasse zu sitzen. Im Abteil finde ein Werbemagazin der Bahn mit Informationen zur georgischen Eisenbahn (auf Georgisch und auf Englisch) und viel Werbung für Hotels und Immobilien. Dabei lese ich den Hinweis, dass Veteranen des 2. Weltkriegs und des Afghanistan-Kriegs gegen Vorlage ihrer Identitätskarten in bestimmten Zügen Preisnachlässe für die Tickets bekommen. Das sei ein Beschluss auf Initiative des georgischen Premierministers Mamuka Bachtadse von Anfang des Jahres 2019. Weitere Preisnachlässe finde ich nicht. Während wir mit dem Zug nach Batumi reisen, ist Mamuka Bachtadse schon nicht mehr Ministerpräsident. Er bekleidete dieses Amt nur knapp über ein Jahr, und vor 8 Tagen ist er zurückgetreten. Sein Nachfolger ist seit zwei Tagen Giorgi Gacharia, ebenfalls von der Partei Georgischer Traum. Seine Ernennung war umstritten, aber jetzt sind wir ohne Irakli unterwegs, und so können wir ihn nicht mehr zu der aktuellen politischen Entwicklung befragen.

Der Zug von Tbilissi nach Batumi fährt fast ohne Halt viereinhalb Stunden durch, um erst in einigen Vororten von Batumi zu halten. So reisen wir auf dem Weg nach Batumi wieder durch Gori, sehen aber nur noch im Vorbeifahren den Bahnhof, den wir am Vortag besichtigt und von dem aus wir den Regionalzug nach Tbilissi genommen haben. Die bequeme 1. Klasse ist nicht ausgebucht. Die 2. Klasse dagegen ist voll besetzt, und wie im Flugzeug gibt es auf jeder Seite des Ganges drei Sitze nebeneinander - nur ist es viel enger als im Flugzeug. Nachdem wir bei kühlem Wetter und Regen in Tbilissi abgereist sind, kommen wir bei warmem Sonnenschein in Batumi an - pünktlich und planmäßig nach fünf Stunden Fahrt. Die Entfernung zwischen Tbilissi und Batumi sind rund 400 Kilometer.

Batumi ist in Bezug auf die Einwohnerzahl inzwischen die zweitgrößte Stadt Georgiens, liegt am Schwarzen Meer und ist sowohl Hafenstadt als auch Badeort. Mit rund 155.000 Einwohnern in Batumi (2016) ist der Abstand zur Einwohnerzahl von Tbilissi (3,7 Millionen Einwohner im Jahr 2015) erheblich. Die Einwohnerzahl Batumis wächst jedoch durch den anhaltenden Bau-Boom rasant. Georgien hat sehr liberale Aufenthaltsbedingungen und eine stabile Demokratie. Das macht den Badeort Batumi für Investoren attraktiv, und so ist davon auszugehen, dass die Einwohnerzahl weiter steigen wird. Überall wird derzeit gebaut, aber es ist vermutlich bloß eine Frage der Zeit, bis die Immobilienblase platzt. Der Hafen Batumis ist der wichtigste in ganz Georgien. In Batumi ist das Klima subtropisch, so dass in der Stadt Palmen und Orangenbäume wachsen können. Das Stadtzentrum Batumis ist nur rund 20 Kilometer von der türkischen Grenze entfernt, so dass es in Batumi neben den zahlreichen russischen, israelischen und arabischen besonders sehr viele türkische Touristen gibt. Dazu kommt, dass in der Türkei das Glücksspiel - wenn man von der staatlichen Lotterie einmal absieht - überwiegend verboten ist. In Batumi hingegen gibt es dazu an fast jeder Ecke die Gelegenheit, insbesondere an der Prachtmeile, dem Batumi Boulevard. So kommen viele türkische Touristen über die Grenze, um die Möglichkeit zum Glücksspiel in Georgien zu nutzen. Natürlich sind sie nicht die einzigen. Die große Menge an Casinos bietet zahlreichen Touristen aus allen möglichen Ländern die Gelegenheit zum Glücksspiel. Wer in Batumi ein Hotel mit mehr als hundert Betten baut, bekommt die Glücksspiel-Lizenz kostenlos dazu. In Tbilissi soll solch eine Konzession 2 Millionen Euro kosten, was das Eröffnen eines Casinos viel schwieriger macht. Durch das weit verbreitete Glücksspiel in Batumi werden einige unerfreuliche weitere Aktivitäten gefördert, wie zum Beispiel Prostitution und Drogenhandel.

Bei unserer Ankunft in Batumi kommen große Gruppen von Taxifahrern gezielt auf die Fahrgäste des Zuges zu, die aus der 1. Klasse aussteigen. Dazu gehören heute auch wir, aber wir werden zu unserem Glück von einem Fahrer des Hotels erwartet, in welchem wir unsere letzten zwei Tage in Georgien verbringen wollen. Im Hotel „Divan" angekommen, ist das Zimmer noch nicht fertig. Statt zu warten, beschließen wir, erst einmal etwas essen zu gehen. Als wir vom Essen zurückkehren, ist unser Zimmer zwar bezugsfertig, und es wurde sogar die „Superior Suite" für uns gebucht, aber diese liegt direkt am Fahrstuhl, und außerdem stehen noch ein Tisch und zwei Sessel davor, damit Hotelgäste sich dort aufhalten und unterhalten können. Nach der letzten durchwachten Nacht wollen wir heute wieder in Ruhe schlafen und bitten deshalb um ein Zimmer, das nicht vor dem Fahrstuhl liegt. Erstaunlicherweise befinden sich alle Superior Suites in unmittelbarer Nähe des Fahrstuhls. Wir möchten unbedingt ein anderes Zimmer beziehen und stimmen zu, darauf zu warten, bis eines gefunden wird. Wir warten lange und fragen immer wieder nach. Das Hotel scheint ausgebucht zu sein. Wenn jetzt noch Irakli bei uns gewesen wäre, hätte er sich für uns gekümmert und uns weggeschickt, damit wir währenddessen die Stadt ansehen. Nach über zwei Stunden ist für uns ein Zimmer gefunden worden, das frei und nicht vor dem Fahrstuhl ist. Wir sind gern bereit, auf die Superior Suite zu verzichten und dafür ein einfacheres, aber ruhigeres Zimmer zu nehmen - das, anders als die so genannte Superior Suite, auch nicht zur Straßenseite liegt. Als das endlich geklärt ist, spazieren wir erleichtert an der Strandpromenade entlang. Das Wetter ist warm und sonnig. Nach kurzer Zeit frage ich mich, was man hier machen soll, wenn die Sonne nicht scheint - außer vielleicht dem Glücksspiel nachgehen. Bei dem schönen Wetter vergnügen sich Touristen - dem Anschein nach überwiegend Russen und Türken - mit Bootsfahrten, Riesenradfahren oder dem Einkauf in Souvenirläden. Außerdem kann man Tretautos mieten und Skateboard fahren. Es gibt ein reges Treiben an der Strandpromenade, wo sich schnell viel Geld ausgeben lässt, wo viele Leute herumlaufen und wo es laut ist. Wem das gefällt, der wird den Trubel auf dem Batumi Boulevard genießen. Es gibt eine ganze Menge Strandclubs und abends in den Nightclubs Tanz und Live-Musik, denn nachts geht es erst richtig los. Ich habe gelesen, dass Batumi wie eine Art Las Vegas sei. Das halte ich jedoch für übertrieben, denn das rege Treiben beschränkt sich, so wie ich es gesehen habe, auf den lebhaften Batumi Boulevard. Wenn der Vergleich mit Las Vegas auf die zahlreichen Möglichkeiten zum Glücksspiel in Batumi anspielen soll, dann steht Batumi doch der amerikanischen Stadt eher nach. Neben den Spaß-Aktivitäten befinden sich am Batumi Boulevard die meisten Sehenswürdigkeiten - außerdem gibt es viele Sehenswürdigkeiten im historischen Zentrum der Stadt, so dass diese sich zu Fuß innerhalb weniger Stunden besichtigen lassen. Sehenswert am Batumi Boulevard ist zum Beispiel der 2012 erbaute, 130 m hohe Turm des georgischen Alphabets, der so genannte Alphabetic Tower, den alle 33 georgischen Buchstaben auf einer Aluminium-DNA-Helix umschlingen. Man kann gegen Bezahlung bis nach oben in dem Turm fahren. Dort befinden sich ein Restaurant und ein Observatorium. Wir fahren nicht nach oben, aber die Idee des Alphabetic Tower gefällt mir, weil die georgische Schrift einzigartig ist. Bei unserer Führung durch die Festung Rabati hat uns unsere Fremdenführerin erklärt, dass es im Georgischen drei Schriften gebe. Alle drei georgischen Schriften gehören seit 2015 zum immateriellen UNESCO-Kulturerbe.

Ganz in der Nähe des Alphabetic Tower steht die moderne, im Jahr 2010 errichtete Skulptur von Ali und Nino. Diese ist 8 m hoch und soll nachts in verschiedenen Farben beleuchtet werden. Wir sind am ersten Abend in Batumi noch einmal im Dunkeln dort, und am zweiten auch, aber wir sehen die Skulptur von Ali und Nino nur ohne Beleuchtung, obwohl sonst in der Dunkelheit auf dem Batumi Boulevard ein großes Lichtermeer zu bewundern ist.

Gern hätten wir auch den Brunnen auf dem 2012 errichteten, 25 m hohen Tschatscha-Turm betrachtet. Manche Reiseliteratur stellte in Aussicht, dass aus diesem Brunnen Tschatscha fließen solle. Nun gibt es bei uns in Deutschland seit Langem schon Schokoladenbrunnen, aber dass in der Öffentlichkeit aus einem Brunnen Tschatscha laufen sollte, konnte ich mir kaum vorstellen. Tatsächlich finden wir den Turm, aber es sprudelt kein Tschatscha-Brunnen. Ich kann nicht erkennen, ob der Brunnen wirklich einmal in Betrieb genommen und nur vorübergehend stillgelegt wurde. Als wir ihn sehen, gibt es jedenfalls am Tschatscha-Turm keinen Tschatscha. Es soll aber einmal welchen gegeben haben.

Abseits vom Batumi Boulevard ist es ruhig, und wir trinken einen sehr guten Kaffee in einem kleinen Straßen-Café, wo es dazu ausgezeichneten Kuchen gibt. Danach schauen wir uns den Hafen an, wo gerade ein türkisches Kriegsschiff liegt, das tagsüber wohl zur Besichtigung frei gewesen ist. Leider ist es dafür heute schon zu spät, so dass wir uns zu einer Seilbahnfahrt entschließen und von 8,5 m auf 252 m Höhe bis zur Bergstation fahren. Ganz oben genießen wir die schöne Aussicht und ein Bier. Zurück fahren Edward und ich ganz allein in der Gondel, weil die meisten Touristen den Sonnenuntergang von der Bergstation oben beobachten wollen. Wir erfreuen uns am Sonnenuntergang, während wir aus der Gondel nach unten auf Batumi blicken. Bevor wir zurück ins Hotel in unser ruhiges Zimmer gehen, essen wir in einer kleinen Bar in der Altstadt zu Abend: Zu Borscht und einem vegetarischen Burger gibt es für mich eine Tschatschachita und für Edward einen Tschatscha Spritz. Das sind, wie schon der Name suggeriert, Getränke-Kreationen eines Bartenders, die Tschatscha zur Grundlage haben.

11.09., Mittwoch

BATUMI

Morgens erwache ich mit starken Kopfschmerzen. Nach dem Bier hätte ich vermutlich die Tschatschachita nicht mehr trinken sollen, die fruchtig-angenehm schmeckte und mich deshalb wenig Alkohol darin vermuten ließ. Allein der harmlos klingende Name hat mich wohl manipuliert, mir vorzustellen, dieses Getränk sei nahezu alkoholfrei.

Unseren letzten Urlaubstag in Georgien möchten wir mit dem Besuch des großen Botanischen Gartens verbringen. Die sehr für die Touristen inszenierte Jahrmarkt-Atmosphäre am Batumi Boulevard haben wir am ersten Tag erlebt, und die Altstadt von Batumi haben wir ebenfalls gesehen. So wollen wir an diesem Sonnentag in Ruhe im Botanischen Garten herumlaufen. Der 1912 gegründete Botanische Garten liegt in unmittelbarer Nähe zum Schwarzen Meer. Mzwane Konzchi heißt in der Übersetzung „Grünes Kap", und das ist genau, wo der Botanische Garten - rund 9 Kilometer vom Stadtzentrum Batumis entfernt - sich befindet. Der Garten hat ein Arboretum mit 3.270 verschiedenen Baumarten, von denen die größte Sammlung einer Gattung die Eukalyptus-Bäume ausmachen. Insgesamt soll es im Botanischen Garten von Batumi über 5.000 verschiedene Arten und Sorten geben, so dass bei der großen Menge an Pflanzen zahlreiche Mitarbeiter den Garten betreuen. Es stehen Picknickbereiche zur Verfügung, so dass Besucher sich bei gutem Wetter problemlos einen ganzen Tag im Botanischen Garten aufhalten können, auch wenn sie nicht die komplette Zeit herumlaufen und schauen wollen. Wer das gern tut, hat aber reichlich Gelegenheit dazu, denn der Park ist

112 Hektar groß. Er ist in verschiedene Bereiche gegliedert, wie zum Beispiel Transkaukasien, Mittelmeer, Ostasien, Himalaya, Nordamerika, Mexiko, Südamerika und Australien.

Heute soll uns die Marschrutka zum Botanischen Garten bringen. Das Wort für das Transportmittel fand ich bemerkenswert. Tatsächlich hat Marschrutka seine Wurzel in dem deutschen Wort „Marschroute". Diese Marschrutkas sind in den meisten Reiseführern als übliche, nach wie vor sehr oft genutzte georgische Verkehrsmittel beschrieben: Es sind Minibusse, die als Sammeltaxis angeboten werden. Irakli hat uns darüber wenig Positives erzählt. Er fand es sehr befremdlich, dass es diese veraltete Art des Transports in Georgien noch gibt. Man zahle mit Bargeld, was sonst bei Verkehrsmitteln kaum mehr üblich sei. Die Fahrzeuge seien meist alt und abgenutzt, es gebe keinen zuverlässigen Fahrplan, und der Minibus fahre erst los, wenn sich genügend Leute gefunden hätten, bis jeder Sitzplatz vergeben sei. Das sei keine Art mehr, heutzutage als ernst zu nehmendes öffentliches Verkehrsmittel zu gelten. Die Regierung unternehme nichts gegen die veralteten Marschrutkas, und was den öffentlichen Nahverkehr betreffe, sei

man längst nicht im 21. Jahrhundert angekommen. Damit hatte er wieder einmal
Recht, aber weil wir nur Touristen sind, können wir die kleine Reise mit der Marschrutka
in Batumi genießen.

Einen Fahrplan für die Marschrutka gibt es
wirklich nicht. Es ist also nicht so, dass man
genau kalkulieren kann, zu welcher Zeit man
irgendwo ankommen wird. Als wir zur Halte-
stelle im Stadtzentrum kommen, steht die
Marschrutka mit der Nummer 31, ein Minibus mit circa 10 Sitzplätzen, schon da. Dass
wir zum Botanischen Garten die Nummer 31
nehmen müssen, haben wir am Vortag bei
der Touristeninformation erfahren. Es sind
noch genau zwei Plätze frei, so dass wir beide zusteigen können. Am Ende, so denke
ich, ergibt sich der Fahrpreis vermutlich aus
einer Berechnung, welche die Anzahl der
Mitreisenden und die Länge der Strecke zu
Grunde legt. Unterwegs steigen Fahrgäste
aus oder ein. Nicht alle reisen bis zur End-
station Botanischer Garten. Alle, die bis zum
Botanischen Garten fahren, zahlen heute
2,50 Lari - das ist nicht einmal ein Euro. Dafür, dass auf der Strecke Stau war, wäre bei
einem Taxi der Fahrpreis auf dem Taxameter
sehr schnell gestiegen. Bei der Marschrutka
scheint der Stau keine Rolle zu spielen. Je-

denfalls sehe ich kein Taxameter. Der Eintritt in den Botanischen Garten beträgt für Touristen 15 Lari. Das sind rund 5 Euro, und das ist recht viel, wenn man es mit den sonst üblichen Preisen vergleicht, aber dafür gibt es eine Menge zu sehen. Für Einheimische ist der Preis geringer, wie auch bei vielen anderen Attraktionen, so zum Beispiel dem Besuch des Canyons.

Wenn alles blüht, ist die Kulisse bunt und vielseitig. Deshalb lassen sich Hochzeitspaare gern im Botanischen Garten fotografieren. Wir sehen ein Paar, das sich und seine Gäste an seinem großen Tag sogar mit einer professionellen Drohne filmen lässt. Gegenüber dem Filmen mit Drohnen - auch Edward lässt seine Drohne zweimal im Botanischen Garten fliegen - sind die Georgier vollkommen aufgeschlossen. Selbst Irakli wusste nichts davon, dass es irgendwo verboten wäre, außer natürlich in der Nähe von Flughäfen und militärischen Bereichen. Der Botanische Garten bietet neben Saison-Karten für Besucher auch die Möglichkeit zum Camping an sowie Dienstleistungen für Hochzeiten. Einige Bereiche an besonders schönen Aussichtspunkten sind für Hochzeiten abgetrennt und festlich mit Blumenkränzen und -girlanden geschmückt. Sie werden gut bewacht, bis die Hochzeitsgesellschaft eintrifft, um den Platz einzunehmen. Außerdem soll man im Botanischen Garten einige dekorative Pflanzen sogar kaufen können.

Bei der Rückfahrt am frühen Abend ist die Marschrutka voll, und manche Fahrgäste müssen in dem Minibus sogar stehen. Dafür ist der Preis für den Rückweg in die Innenstadt viel geringer als der für den Hinweg. Das Preissystem hat sich uns nicht ganz erschlossen, und ausgeschildert sind die Fahrpreise eben auch nicht. Wären sie es gewesen, hätten wir es auf Georgisch sowieso nicht lesen können. Aber bei dem äußerst günstigen Transport mit der Marschrutka waren wir doch sehr zufrieden. Später muss ich auf der englischsprachigen Seite des Botanischen Gartens feststellen, dass es für die Marschrutka von der Stadt bis zum Botanischen Garten sehr wohl einen Festpreis gibt, der noch geringer ist als das, was wir bezahlt haben. Aber das haben an dem Tag die anderen Fahrgäste auch bezahlt, und aus unserer Sicht war es sehr günstig.

An diesem Abend, der unser letzter in Georgien ist, essen wir zum ersten Mal in einem Restaurant nicht besonders gut. Weil ich Kopfschmerzen habe, bestelle ich mir zum

Essen keinen Alkohol, sondern eine selbst gemachte Limonade. Da sich in dieser entweder vergammeltes Wasser oder ungewaschene und mit etwas Unverträglichem gespritzte Zitronen- und Orangenschalen befinden, erfasst mich wenige Stunden später große Übelkeit. Aber es ist der letzte Abend, und am folgenden Morgen müssen wir nur noch die Rückreise antreten.

Insgesamt ist Batumi meinem Eindruck nach weniger europäisch als die anderen georgischen Städte, die wir auf unserer Reise besucht haben. Viele Georgier sehen hier in der Hauptstadt von Adscharien asiatischer aus als zum Beispiel die Georgier in Kutaissi. Adscharien, mit seiner Hauptstadt Batumi, gilt als eine Autonome Republik Georgiens. Durch seine wechselvolle Geschichte lebt hier eine Bevölkerung, die sich aus Georgiern, Türken, Russen, Armeniern, Ukrainern und Griechen zusammensetzt.

Fazit

Georgien hat uns insgesamt sehr gut gefallen. Wir haben auf unserer Reise nur freundliche Georgier getroffen. Insgesamt schien es mir ein sehr sicheres Reiseland zu sein - sowohl in den Städten als auch auf dem

Land. Unser Fahrer hat sein Auto fast nie abgeschlossen, weil die Menschen seiner Ansicht nach ehrlich und vertrauenswürdig seien. Tatsächlich wurde uns trotz des meist unverschlossenen Autos während des Kurzurlaubs nichts gestohlen. Aber darauf würde ich es nicht ankommen lassen, denn Kriminalität lässt sich nirgendwo ausschließen, und wahrscheinlich hatten wir einfach nur Glück. Ich habe mich trotz fehlender Sprachkenntnisse in Georgien sicherer gefühlt als hier in Deutschland: auf den Straßen, in öffentlichen Verkehrsmitteln und auch an oder in Bahnhöfen. Am meisten Sorge haben mir die vielen Hunde bereitet. Die zahlreichen Straßenhunde sind zwar überwiegend freundlich, aber vermutlich nicht alle gesund, weil viele sich mangels Alternativen von Abfällen ernähren und die meisten niemanden haben, der sie regelmäßig pflegt und sich um ihre Gesundheit kümmert. Obwohl mich kein Tier gebissen hat, war ich froh, dass ich mich zur Sicherheit vor der Reise gegen Tollwut hatte impfen lassen. Ich habe keine besondere Affinität zu Hunden, aber viele schienen mich trotzdem zu mögen. Jedenfalls sind sie mir oft nachgelaufen, und wenn wir draußen etwas gegessen haben, setzte sich sofort ein Hund neben mich auf den Boden - und nicht neben Edward. Außerdem bin ich von Insekten zerstochen worden, die länger anhaltende, größere und juckendere Wunden bei mir hinterließen als ich es von den üblichen Insekten aus Sommern in Deutschland gewohnt war. Mehr als zwei Monate lang haben mir einige der schlecht verheilenden Insektenstiche zu schaffen gemacht.

Das Sprichwort, dass der Gast in Georgien ein Geschenk Gottes sei, haben wir meist so bestätigt gefunden. Es gab gutes und reichliches Essen und vorzüglichen Wein unterschiedlichster Art. Wenn man außerdem das Reisen durch die schöne Landschaft genießen kann, scheint alles ideal. Das am Anfang dieses kleinen Buchs von mir eingebrachte Zitat von John Steinbeck, dass in der früheren Sowjetunion seiner Ansicht nach viele Bürger sich gewünscht hätten, nach ihrem Tod nach Georgien statt ins Paradies zu kommen, habe ich mir manchmal als Wahrheit vorstellen können, obwohl natürlich heute ganz andere Verhältnisse herrschen als vor mehr als siebzig Jahren. Wir haben bei unserer Reise viel im Auto gesessen, weil wir rund 2.200 Kilometer herumgefahren wurden und so zum Beispiel erst im Gebirge und daran unmittelbar anschließend wieder im Flachland waren. Obwohl wir das Auto nicht selbst steuern mussten, war das Reisen manchmal etwas anstrengend, nicht zuletzt wegen der Temperaturschwankungen innerhalb weniger Tage: von großer Kälte hoch in den Bergen in Gudauri weiter in die Sommerhitze mit bis zu 26 Grad am Schwarzen Meer in Batumi. Das Autofahren schien mir in Georgien sehr gefährlich, was aus meiner Sicht verschiedene Gründe hat. Zum einen muss ständig mit irgendwelchen größeren Tieren auf den Straßen gerechnet werden. Das sind überwiegend Kühe und Hunde, aber auch Schweine und Katzen. Dann sind die Straßen oft sehr schlecht, voll mit Schlaglöchern und veraltet. Es kommt hinzu, dass die Straßen gerade in den Bergen teilweise extrem schmal sind - und trotzdem viele Fahrer die anderen überholen wollen, weil diese entweder im LKW sitzen oder ihrer Ansicht nach zu langsam fahren. Wer nur das an Fahren in Deutschland gewöhnt ist, dem muss es im Vergleich vorkommen, dass die Georgier äußerst aggressiv Auto fahren. Jeder scheint auf seinem Recht zu bestehen und jeder muss der Erste und der Schnellste sein. Jeden Morgen, wenn wir ins Auto stiegen, haben wir gedacht, dass wir an dem Tag möglicherweise einen Unfall haben werden. Aber in unserem Fall gab es trotz der langen Autofahrten nur den vom Schwanz einer Kuh abgeschlagenen Autospiegel, und die Kuh blieb bei dem Unfall unverletzt.

Wir hatten die ganze Zeit über mit Irakli einen zuverlässigen Fahrer, der im Fahren auf georgischen Straßen und in der Gesellschaft von anderen georgischen Verkehrsteilnehmern geübt war. Dass Touristen einen Fahrer für ihre Reise buchen, ist wohl recht üblich, und ich würde es nach meiner eigenen Erfahrung empfehlen. Wer selbst am Steuer sitzt, muss sich sonst zu sehr auf die Straße konzentrieren und kann alles Sehenswerte links und rechts der Landstraße weit weniger genießen als er sollte - vor allem dann, wenn man eine Rundreise mit vielen Kilometern plant. Es fahren in Georgien natürlich genügend Touristen mit Mietwagen selbst herum. Aber es ist doch sehr viel weniger Stress als Tourist, wenn nur der Fahrer aufpassen muss und einem selbst von der Schönheit der Landschaft nichts entgeht.

Insgesamt schien mir Georgien, besonders in den kleinen Städten und auf dem Land, erheblich konservativer als Deutschland. Die Witwen tragen hier sogar noch Schwarz, wie ich es aus Deutschland aus den siebziger Jahren des letzten Jahrhunderts kenne. In den Gotteshäusern benehmen die Georgier sich respektvoll, was für manche Touristen leider nicht selbstverständlich schien.

Was die Verständigung mit den Einheimischen betraf, hatten wir keine Probleme. Das lag in unserem Fall nicht zuletzt daran, dass wir - bis auf die Tage in Batumi - meist Irakli bei uns hatten, der mit uns fließend Englisch und mit seinen Landsleuten fließend Georgisch sprach, uns als Vermittler zur Verfügung stand und alles Mögliche für uns geregelt hat, das für uns viel schwerer, langwieriger und manchmal vielleicht unmöglich gewesen wäre. Zum Beispiel hätten wir es niemals geschafft, den von der Kuh abgeschlagenen Seitenspiegel in so kurzer Zeit zu ersetzen. Schwierigkeiten, uns verständlich zu machen, hatten wir aber nicht, selbst wenn wir ohne Irakli unterwegs waren. Das Personal in Hotels und Restaurants spricht Englisch. Überhaupt sprechen viele jüngere Georgier ein verständliches Englisch, das sie in der Schule lernen. Auch mit Leuten, die kein Englisch sprachen, haben wir uns verständigen können, was daran lag, dass die Georgier grundsätzlich wohlwollend und hilfsbereit waren. Schwierig hätte es werden können, die georgischen Speisekarten zu verstehen, wenn man die georgische Schrift nicht lesen kann. In nahezu allen Restaurants gab es jedoch eine englische Version der Menükarte, und manchmal haben wir sogar Fotoalben mit Bildern der Speisen bekommen, aus denen wir uns die für uns attraktivsten Gerichte zusammenstellen konnten. Gab es all das nicht, fand sich stets ein freundlicher Mensch, der einem half. Übersetzungs-Apps können als Verständnishilfe auch sehr nützlich sein.

Auf den Straßen sind die Namen der Städte in georgischer und lateinischer - also unserer - Schrift geschrieben, so dass man auch ohne eigenen Fahrer den Weg finden kann.

Zusammengefasst: Außer „Madlub" (das bedeutet: „Danke") habe ich während der ganzen zweiwöchigen Reise kein Georgisch gelernt - und gebraucht. Das ist möglicherweise ignorant, aber es war eben nur ein kleiner zweiwöchiger Urlaub in einem schönen Land mit gastfreundlichen Menschen, von denen viele Englisch sprechen und die sich immer mehr nach Westen zu orientieren scheinen.

Quellenangaben

- Boden, Dieter: Georgien. Ein Länderporträt, Ch. Links Verlag, Berlin 2018

- bbb.ge Webseite des Botanischen Gartens in Batumi, abgerufen im Oktober 2019

- Ekvtimishvili, Nana: Das Birnenfeld, Suhrkamp, Berlin 2018

- Haratschwili, Nino: Juja, Lizenzausgabe Ullstein Taschenbuch, Berlin, 3. Auflage 2018

- Kvastani, Giorgi/Spolanski, Vadim/Sternfeld, Andreas: Georgien. Unterwegs zwischen Kaukasus und Schwarzem Meer, Trescher-Verlag, Berlin 2019

- Said, Kurban: Ali und Nino, Neuausgabe Ullstein Taschenbuch, Berlin, 2. Auflage 2017 (Originalausgabe 1937 in Wien, Leipzig)

- Steinbeck, John/Capa, Robert: A Russian Journal. First published in the United States of America by the Viking Press, Inc. 1948

- Video zum Buch: